집 떠난 초등맘의
제주 한 달 육아

자녀와의 관계를 회복하는 힐링 여행

자녀와의 관계를 회복하는 힐링 여행

집 떠난 초등맘의 제주 한달 육아

초판 1쇄 발행 | 2018년 5월 20일

지 은 이 | 김은영
펴 낸 이 | 이성범
펴 낸 곳 | 도서출판 타래
책 임 편 집 | 정경숙
표지디자인 | 김인수
본문디자인 | 권정숙

주소 | 서울시 마포구 성지3길 29 그레이트빌딩 3층
전화 | (02)2277-9684~5 / 팩스 | (02)323-9686
전자우편 | taraepub@nate.com
출판등록 | 제2012-000232호

ISBN 978-89-8250-106-7 (03810)

- 이 책은 저작권법에 의해
  한국 내에서 보호를 받는 저작물이므로
  무단 전재와 무단 복제를 금합니다.
- 값은 뒤표지에 있습니다.
- 파본은 구입한 서점에서 교환해 드립니다.

자녀와의 관계를 회복하는 힐링 여행

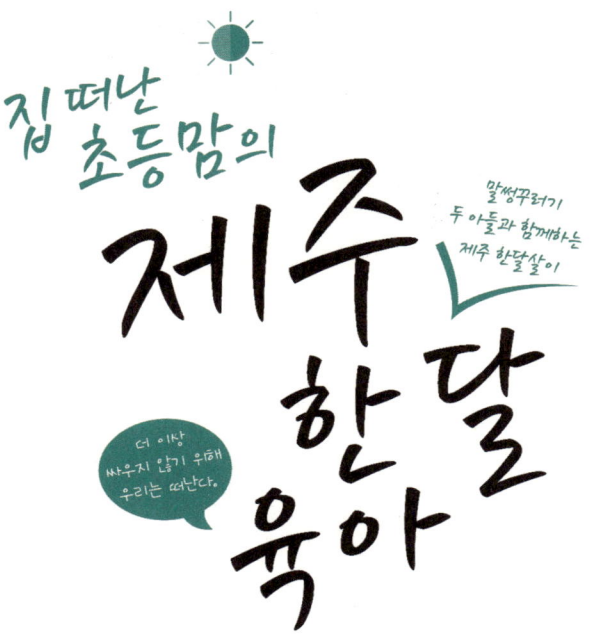

집 떠난 초등맘의 제주 한달 육아

말썽꾸러기 두 아들과 함께하는 제주 한달살이

더 이상 싸우지 않기 위해 우리는 떠난다.

아들들아, 우리 이제 제발 고만 싸우자!

김은영 지음

도서출판 **타래**

Prologue

첫 아이를 낳았을 때 육아가 이렇게 힘들고 고된 것이라는 걸 나는 미처 알지 못했다. 드라마나 영화에 나오는 것처럼 아기는 집안에 화목과 빛과 평화와 안정을 가져다주는 그런 존재일 거라고만 생각했었는데…. 아기를 키우는 일은 그야말로 철저하게 엄마의 희생을 요구하는 것이었다. 여태 내가 '속고 살았구나'라는 것을 깨달았을 때의 절망감이란…. 그럼에도 불구하고 왜 부모님들은 자꾸만 아이를 낳으라고 했었는지 도저히 이해가 가지 않았다.

첫 아이는 모든 것이 정말 예민했다. 분명 들리지 않는데도 문을 여닫을 때 이는 바람의 움직임, 바로 옆자리를 지키고 있을 때와 그렇지 않을 때의 느낌, 실내의 온도, 분유의 온도 기타 등등 그 모든 것에 날카롭고 예민하게 반응했으며 그 모든 반응을 울음으로 표현했다.

어찌할 바를 모르던 나는 그 울음을 달래느라 육신이 피폐해져 가는 순간에도 시간만 되면 육아 서적을 집어 들고 무엇이 잘못 되었나, 앞으로는 어떻게 해야 하나 답을 찾으려 열심히 노력했다.
그러나 그때는 내 마음이 열려 있지 않아서였는지 육아서의 내용들이 아기의 모든 잘못은 엄마의 잘못이라는 소리로 들렸다. 잘못된 아이의 행동은 전부 육아를 책임지고 있는 엄마의 탓이라고 하는 것 같아 내내 마음이 불편했던 것이다.
당시 한참 인기 있던 예능 '우리 아이가 달라졌어요'라는 프로는 엄마가 바뀌어야 아이가 바뀐다는 메시지를 강력하게 전달하고 있었는데, 나는 그게 너무나 싫었다. 엄마도 사람이고 감정이 있는데 어떻게 엄마만 참으라고 하고 잘하라고 하는 것인가…. 이 불편부당한 관계에 익숙해지기까지 나는 참으로 오랜 시간을 눈물과 시행착오로 보냈다.

흔히들 백일이 지나면 아기가 그래도 제법 사람 티를 내느라 잠도 잘 자고 울음도 덜해져서 키우기가 쉬워진다며 '백일의 기적'이라는 말을 한다. 그러나 그 말이 무색하게 울어대던 큰 아들이 드디어 돌이 되고 이제 좀 수월해지나 싶더니 주변에서 하나둘 둘째들을 갖기 시작했고 도대체 무엇에 홀린 것인지 나도 갑자기 둘째를 가져야겠다는 생각을 했다.

그리하여 '아니 저 여자들은 무슨 용기로 둘째를 가졌지?' 하고 바라보던 내가 겨우 걸음마를 뗀 아이 손을 잡고 걷는 배부른 여자가 되었다.

두 살 터울의 사내 아이 둘을 키우는 일은 그야말로 '미친X 널뛰듯 한다'는 말이 딱 들어맞는 정신없는 생활이었다. 어떤 날은 자전거 두 대를 양쪽으로 끌고 싸우는 아들들을 말리며 엘리베이터를 타기도 하고, 어떤 날은 한 놈은 들쳐업고 이마 찢어진 놈을 품에 안은 채 병원으로 뛰어가기도 했다. 잠깐 한눈 파는 사이 소파 밑으로 기어들어 갔다 어깨뼈가 탈골되기도 하고, 자다가 침대에서 떨어져 피를 한바가지 쏟은 날도 있었다.

그렇게 자란 아들들이 어느 새 11살, 9살이 되었다.
'건브라'는 '건우와 건민이 형제'의 애칭이다. 동네 엄마가 우리 집 형제를 지칭하는 말로 썼던 것인데 듣기에 썩 괜찮아 나의 아들들을 부르는 애칭으로 정착되었다.

36살이라는 적지 않은 나이로 두 번의 계류유산 끝에 낳은 나의 첫 아들 건우는 올해 열한 살로 이제 곧 열두 살이 된다.

커다란 엉덩이와는 관계없이 터무니없이 작은 자궁 때문에 아무래도 자연분만은 어렵겠다는 의사의 말에도 '내 배 아파 낳은 자식'을 보겠다는 욕심으로 예정일까지 기다렸다.
그러나 12시간 진통을 하고 무통 주사까지 맞고 기다렸으나 스스로 내려오지 못한 아기는 자궁 안에서 견디기 힘들어했고 결국은 제왕절개로 낳을 수밖에 없었다.

배 속의 아이가 딸인 줄 알았던 나는 이름도 거창하게 알파걸로 키우겠다는 욕심을 가졌다. '아기가 배 속에 있을 때 엄마가 손을 많이 쓰면 아기 머리가 좋아진다'는 말을 듣고, 뜨개질, 십자수, 수학 문제집 풀기, 독서 등등 내 성질에 맞지도 않은 취미들을 배우느라 무던히도 애를 썼지만, 결국 그다지 뛰어난 손기술은 배우지도 못하고 성질머리만 못돼졌다.

그래서인지 온갖 예민과 까탈을 온몸에 장착하고 태어난 나의 첫 아들은 진정 전쟁육아가 무엇인지를 실감나게 해주었다.

요즘은 외모에 부쩍 관심이 많아져 거울을 보며 "아, 잘생겼어!"라고 감탄하느라 바쁘신 큰아들 건우는 10살이 넘어서면서 철이 들어 '아, 다 컸구나'라는 기특한 생각이 들게 한다.

둘째 아들 건민이는 올해 아홉 살로, 이 녀석도 이제 곧 10대가 된다.

38살에 낳은 나의 두 번째 아들.

끝내 자연분만을 하지 못한 큰 아들에 대한 아쉬움을 풀어볼 요량으로 둘째는 자연분만을 시도했으나, 중간에 체중조절에 실패하면서 결국은 제왕절개로 낳았다.

사람들이 흔히 말하기를 첫 애가 까다로우면 둘째는 수월하다고 했다. 그 말이 무슨 말인지 확인이라도 시켜주듯 둘째는 먹는 것도 자는 것도 무엇 하나 어려움이 없이 무럭무럭 잘 자라 주었다. 이래서 둘을 낳고 셋을 낳는구나 느낄 수 있을 만큼.

그러나 둘째는 그야말로 아들스럽다. 조심성이 없어 툭하면 넘어지고 다치고 까졌다. 온몸엔 언제나 상처와 흉터가 있다. 감정을 다스리지 못해 욱할 때가 많았고, 분노가 치밀어 오를 때는 눈에서 레이저가 나오는 것 같다. 흥 많고 눈물 많고 화가 많은 녀석이다.

이런 아들들에게 훌륭한 유전자를 전달한 나의 남편 김중현은 이제 곧 47세가 되겠지만 아직까지는 46세로 나와 동갑이다.
그는 직장일 때문에 가족들과 함께 온전히 제주 한달살이는 못하지만 심정적으로는 같이 여행을 하고 있다고 믿고 싶은 사람이다.
10년의 연애 끝에 결혼한 남편은 여전히 나를 사랑하는 (나는 그렇게 굳게 믿고 있다.) 자상하고 좋은 남편으로, 한 달에 두 번 정도는 아내에게 육아 휴일을 줄 만큼 깨어 있는 사람이다.
또한 내가 두 아들들을 이끌고 아무 계획도 없이 제주도 여행을 가는 것, 그리고 뛰어난 글 솜씨도 갖지 못한 내가 감히 책을 쓰겠다고 마음먹은 것, 이 모든 불가능을 가능으로 만들어준 남자이기도 하다.

우리 집 아이들은 다른 집 아이들에 비해 자기 주장이 매우 강하고 자율적이며 독립심이 강하다. 그에 비하면 엄마인 나는 규범과 규칙을 중시하는 융통성이 없는 성격이다. 그러니 우리는 누구의 잘못이라기보다 기질적으로 맞지 않아 갈등을 겪는 일이 많았다. 그래서 육아가 더욱 힘들게 느껴졌는지도 모르겠다.
많은 우여곡절 끝에 내가 내린 결론은 '어차피 아이들을 바꿀 수 없다면 내가 바뀌어야겠구나'였다.

아이들을 데리고 제주도에서 한 달을 살아보기로 계획하는 것이 쉬운 일은 아니었다. 경제적인 문제도 크지만 지금도 방학이면 아이들과 내내 붙어 있는 것이 힘들어서 아빠가 좀 도와줄 수 있는 주말을 간절히 기다리는 처지여서 더욱 그랬다.
서울에 있으면 같이 방학인 친구들과 어울려 노는 시간이라도 있고, 주말에 도와줄 수 있는 남편도 있지만, 제주에서는 그야말로 잠자는 시간 이외에는 모든 것을 나와 공유해야 할 것이 아닌가.

그럼에도 불구하고 한번 도전해 보고 싶었다. 규범에 얽매이는 나 자신을 내려놓고 싶기도 했고, 자유분방한 기질을 가지고 있는 나의 아들들에게 무한한 자유를 주어 보고 싶었다. 그 시간을 소중히 잘 보내게 되면 우리는 '지금보다 더 사이좋은 엄마와 아들이 되지 않을까…' 하는 기대감으로!

서점에 나가보면 여행에 관한 무수히 많은 책들을 볼 수 있다. 해외 여행, 국내 여행, 둘레길 돌기, 골목 구석구석 찾아가기, 홀로 여행하기, 기타 등등. 세상 사람들이 이렇게도 많이 여행을 다닌다는 사실이 그저 놀라울 뿐이다.
그 책들을 자세히 읽어 보면 가서 돌아볼 곳, 먹을 곳, 체험할 곳, 경비 등등 여행에서 필요한 웬만한 정보는 모두 얻을 수 있다.

내가 쓰고 있는 이 글은 그런 실질적인 정보를 줄 수 있는 여행 가이드북이 아니다.
그런 정보는 서점이나 SNS에서 얼마든지 얻을 수 있다.

이 책은 그냥 초등학생인 아들들을 한 달 동안 학교에 보내지 않고 그저 제주에서 함께 살아본 이야기다.

그렇기에 이것은 '일상'과 '여행' 그 중간쯤의 이야기라고 할 수 있다. 제주도에 갔다고 해서 고집스러운 건우가 부드러운 아이가 되지도 않았고, 부잡스러운 건민이가 얌전해지지도 않았다. 우리가 겪은 일들은 그저 제주도가 배경인 일상적인 이야기이다. 그래도 내가 변화하고자 하는 강력한 의지를 가지고 떠난 것이기에 가슴 한켠에 작은 호수를 그려 넣은 것처럼 따뜻하고 편안한 마음을 담아 올 수 있었다.

유명인사도 아니고, 화려한 수사기법을 가진 문필가도 아닌 내가 책을 쓰기로 마음먹은 것은 이 '일상'과 '여행' 사이에서 겪은 일들을 나와 같은 처지에 있는 이웃들과 '공유' 하고 싶어서다.

혹시라도 지금 육아 때문에 지쳐 있다면, 또는 이제 막 초등 고학년에 접어든 아이들과 갈등이 있다면, 혹은 아이들이 어느 정도 크고 나니 주부로서의 삶에 회의가 들기 시작했다면 나는 과감히 떠나 보기를 권하고 싶다.

한 달이어도 좋고, 일주일, 아니 3박 4일이라도 좋다. 아무것도 계획하지 않고 아이들과 마냥 자연을 즐기며 그냥 게으르게 살겠다는 마음으로 떠나는 여행! 그것만으로도 많은 것을 보고 듣고 느끼게 될 것이다.

Contents

Prologue_ 04

첫째 날_ 강풍주의보와 팽이 난투극　14
둘째 날_ 아이들이 걷는 길을 멀리서 보다　24
셋째 날_ 무서울 땐 무섭다고 말해도 돼　31
넷째 날_ 때로는 포기하는 것도 선택이야!　36
다섯째 날_ 우리가 잃어버린 열쇠는 어디에 있을까?　44
여섯째 날_ 학교 안 가길 잘했다!　53
일곱째 날_ 월정리 바닷가에서 하루 종일 놀아보기　60
여덟째 날_ 여행도 하고 게임도 하고　67
아홉째 날_ 평대리를 찾아온 서울 친구들　75
열째 날_ 미로공원에서 대체 무슨 일이 있었던 것일까?　83

Contents

열한째 날_ 해녀박물관과 치킨 94

열두째 날_ 트럭 짐칸을 타고 굴을 따러 가다 101

열셋째 날_ 당근 당근 당근 뽑기 107

열넷째 날_ 조아모루 펜션 단합대회 117

열다섯째 날_ 방어축제와 용머리 해안 124

열여섯째 날_ 봄날처럼 따뜻한 날에 한라산을 오르다 133

열일곱째 날_ 그새 내가 많이 변했다고? 144

열여덟째 날_ 세화오일장 그리고 '대화의 장' 151

열아홉째 날_ 우리는 왜 제주도에 왔을까? 158

스무째 날_ 제주민속오일장을 가다 169

스물한째 날_	1미터 피자와 로봇스퀘어	177
스물두째 날_	너무 잘하려고 애쓰지 말자!	190
스물셋째 날_	한옥집에서 외국인의 수제버거를 먹다	198
스물넷째 날_	억새의 군무 산굼부리	205
스물다섯째 날_	천년의 숲 비자림을 가다	213
스물여섯째 날_	파도와 바람의 역사 돌문화공원	220
스물일곱째 날_	야, 너네들 진짜 요망지다야~!!	229
스물여덟째 날_	우도 아이스크림	234
스물아홉째 날_	제주의 마지막 밤	239
서른째 날_	제주를 떠나 집으로 오다	246

Epilogue_   253

첫째 날

강풍 주의보와 팽이 난투극

첫째 날

　　　　　　　　　　우리가 제주항에 떨어진 시각은 새벽 6시 2분. 일단 펜션 쪽으로 방향을 잡았다. 우리가 묵을 숙소인 조아모루 펜션은 제주시 구좌읍 평대리에 위치한 곳이다. 사람들이 흔히 제주를 북제주와 남제주로 나누어서 얘기를 하는데 그런 기준으로 보면 평대리는 북동쪽이다.

　내비게이션은 제주항에서 숙소까지 50분 정도 걸린다고 안내한다. 차를 타고 가면서 보니 우선은 높은 건물이 없어서 시야가 맑고 환하게 터지는 것이 참 상쾌한 느낌이다. 숙소로 들어가기엔 너무 이른 시간이라 세화리부터 평대리까지 해안도로를 타고 몇 바퀴 돌면서 주변 환경을 살펴봤다. 차에서 내려 좀 걸어보고 싶었으나 바람이 너무 세차게 불어서 체구가 작은 아들들은 똑바로 서 있지도 못했다. 그때 요란하게 울리는 핸드폰 재난 문자 알림.

　　오늘 제주에 강풍주의보….

　참나 제주에서 처음 받은 게 재난 문자라니.
　어쩐지 앞으로 한 달 간 제주에서 살아갈 날들이 평탄하지 않을 것만 같은 느낌이 든다.

대부분의 식당이 10시나 돼야 문을 연다는 놀라운 사실을 알고 일단 마트에서 장을 보기로 했다. 집처럼 모든 게 갖추어져 있는 게 아니니 대체 뭘 얼마나 사야할 지 감이 오지 않는다. 그냥 집히는 대로 이것저것 집어 들고 일찍 문을 연 식당을 찾아 밥을 먹은 후 펜션으로 들어갔다.

조아모루 펜션은 두 동짜리 건물이다. 한 동은 1층에 주인 내외분이 사시고 2층에는 원룸 형식의 방 3개가 있다. 나머지 한 동이 별채라 불리는 우리가 한 달 동안 살아갈 '우리집'이다. 1층은 필로티층으로 주인분들이 주차장으로 쓰신다. 2층에 방 2개와 작은 텔레비전이 놓인 거실, 욕실이 있고, 베란다에는 작은 세탁기가 한 대 놓여 있다.

오늘은 바람이 정말 너무 많이 불어서 펜션에 가만히 앉아 있는데도 무슨 귀곡산장마냥 바람소리가 '휘이잉~ 휘이잉~' 정말이지 무섭게 들린다. 꼭 폭포 옆에 서 있는 것 같다.

주인아주머니, 아저씨와 인사를 하고, 주의사항을 듣고, 짐을 정리하고, 배에서 자느라 제대로 씻지도 못했으니 샤워도 한판하고, 따뜻한 방바닥에 배 깔고 누우니 솔솔 잠이 온다. 한잠씩 자고 일어나서 야채전을 부쳐서 점심을 먹었다. 맛있는 제주 막걸리와 함께.
우리집에서 제주 바다가 바로 보인다. 참 평화롭다.
남편은 "바다를 매일 보면 이런 느낌이 아니고 그냥 풍경처럼 식상해질까?" 하고 묻는다.
"글쎄… 어제의 하늘이 다르고 오늘의 하늘이 다르듯 바다도 매일

첫째 날 강풍주의보와 팽이 난투극

같은 바다가 아니지 않을까?"

막걸리를 한잔 걸쳐서일까. 운전의 피로까지 한꺼번에 밀려오는지 남편은 코를 골며 누워서 자고, 나는 아들들과 동네 산책을 나섰다.

이 동네는 외지인과 현지인이 반반쯤 되는 것 같다. 지붕 낮은 돌담집 형태의 전통가옥을 개조해서 만든 펜션과 예쁘게 꾸며 놓은 카페들이 아주 많다. 날씨가 좋다면 편안한 의자에 앉아 따뜻한 차 한 잔을 마시며 하루 종일 바다를 바라보고 있어도 질리지 않을 그런 카페.

아, 그리고 당근 밭이 엄청 많다.

바람이 너무 세게 불어서 똑바로 서 있기조차 힘들어 하는 아이들을 보며 오늘은 여기서 만족하기로 하고 집으로 돌아왔다. 다시 한번 꼼꼼하게 살림살이를 살펴보니 없는 게 너무 많다. 그래서 제주공항 근처에 있는 대형마트에 가기로 했다. 일단 먹거리를 왕창 사서 쟁여놓고 있는 걸 털어서 밥을 해먹어야겠다. 어두워지기 전에 얼른 다녀와야겠다고 서둘러 갔는데 주말 저녁이어서인지 대형마트에 사람이 엄청 많다. 인파로 붐비는 것은 서울이나 제주나 마찬가지다.

장을 보고 들어오니 시간이 꽤 늦었다. 평소 저녁은 7시를 넘은 적이 없는데 벌써 8시가 다 되었다. 부랴부랴 밥을 하고 된장찌개를 끓이는 동안 아들들은 방에서 자기들끼리 팽이를 돌리며 신이 났다. 제주도에서 돌리겠다고 서울에서부터 자기들 가방에 챙겨온 팽이였다. 우리가 어릴 때 가지고 놀던 팽이와는 비교도 할 수 없을 만큼 세련된 모양의 팽이를 둘이 동시에 돌려서 먼저 튕겨져 나가면 지게 되는 이 팽이시합을 아이들은 무엇이 그리 재미나는지 아침에 눈 뜨자마자 시작해서 몇 시간씩 하는 날이 많았다.

한참 야채를 썰고 있는데 애들 방에서 고함소리가 나고 울음소리가 난다. 뭔가 또 사단이 난 것이다.
"뭔 일인데 이렇게 큰 소리가 나?" 하며 방문을 열었더니 아뿔싸.
건민이는 씩씩거리며 서 있고, 울면서 한쪽 얼굴을 가리고 앉아 있는 건우의 손에서 피가 흐르고 있다.

첫째 날 강풍주의보와 팽이 난투극

아! 이게 도대체 무슨 상황이란 말인가.

급한 마음에 건우를 안아 들고 거실로 나오니 피가 뚝뚝 떨어진다. 얼굴에서 살점이 조금 떨어져 나간 것 같다. 화장실에 있던 남편이 뒷마무리도 제대로 못한 채 뛰쳐나왔다.

피를 닦아주고 얼굴을 씻기고 방에 눕혀 다친 곳을 살펴보니 상처가 너무 깊었다. 그런데 토요일 이 시간에 지리도 모르는 이곳에서 어디로 간단 말인가.

우선은 비상 약통을 뒤져서 상처를 남지 않게 하는 습윤 밴드를 찾아 붙였다. 많은 피를 보고 저도 놀랐는지 애가 바들바들 떤다.

그 와중에 사고를 친 건민이는 처음 자신이 있던 자리에 꼼짝도 않고 그대로 정지해 있다.

그래 너도 놀랐겠지. 그러려고 한 건 아닌데 형이 저렇게 피를 많이 쏟고 온 식구가 혼비백산해서 난리를 치고 있으니 다친 형을 보는 것도 무섭고, 엄마 아빠한테 혼날 것을 생각하니 겁에 질릴 것이다.

이럴 때 솔직히 나는 어떻게 해야 할지를 잘 모르겠다. 예전 같았으면 화가 나서 고래고래 소리를 지르며 이렇게 말했을 것이다.

"야 이노무 자식들아! 내가 그 팽이 위험하니까 높이 돌리거나 던지거나 그러면 안 된다고 했어 안 했어? 이게 뭐하는 짓이야? 이제 그 팽이 두 번 다시 못 갖고 놀 줄 알아!"

이러면서 팽이는 갖다 버리고 두 녀석은 등짝 스매싱에 종아리 몇 대는 맞았을 것이다.

하지만 그런 방법은 해결책이 되질 못했다. 큰소리로 야단을 치면 아이들은 자신들이 무엇을 잘못했는지 보다 그저 엄마가 화가 나서 소리를 지른다고 생각하기 때문에 자신들의 잘못을 전혀 인지하지 못하는 것 같았다. 그냥 엄마가 화나서 소리를 지르니 무섭고, 잘못했다고 말해야 큰소리가 멈추니 그저 의례적으로 잘못했다고 말하는 것이었다.

몇 년 전에 읽은 '엄마의 품격'에서 조선미 저자는 다음과 같이 말했다.

"규칙을 정한 뒤 이를 어기면 간단히 말로 지적하고 그 자리에서 행동을 고치도록 하는 것 이것이 훈육이다. 그렇지만 여기에 분노가 섞이면 훈육은 공격적으로 돌변한다. 공격으로 둔갑한 훈육은 부모자녀 관계를 상하게 할 뿐 어떠한 가르침도 줄 수 없다는 걸 기억하자."

첫째 날 강풍주의보와 팽이 난투극

결국 혼은 내되 화는 내지 말라는 말이다. 정말 충격적이었다. 화를 내지 않고 야단을 치거나 혼내는 것이 과연 가능한 것일까? 지금까지 나는 화를 내지 않고 혼을 낸다는 것을 생각해 본 적조차 없었다. 그래서 그동안 나와 아이들의 관계가 그토록 어려웠던 것일까?

지금 이 순간 나는 우선 내 감정이 먼저 정리될 필요가 있다고 느꼈다. 지금 내가 놀라고 화가 난 상태에서 섣불리 말을 꺼냈다가는 낮고 침착한 목소리로 얘기하기 어려울 것이다. 나는 일단 내 감정이 가라앉고 얘기를 할 수 있을 때까지 기다리기로 했다.

남편이 건우의 상처를 살피는 동안 나는 그냥 밥을 푸고 찌개를 끓이고 부엌일에만 열중하려고 했다. 그런데 상처 치료를 마친 건우가 부리나케 건민이에게 달려갔다.

'아, 이건 또 무슨 상황인가? 팽이 난투극에 이어 복수혈전이 벌어지는 건가.'

놀라서 그쪽으로 쫓아가니 건우가 정지 상태로 있는 건민이를 붙잡고 "건민아, 넌 괜찮아?" 하고 묻는다.

그제야 정지 상태에서 풀려 난 건민이가 "형, 내가 정말 미안해!"라며 대성통곡을 한다.

형제를 불러 앉혀 놓고 어찌된 사연인지 물으니 팽이를 가지고 노는데 자기가 자꾸 지니까 열이 받은 건민이가 형한테 까불까불했고, 화가 난 건우가 건민이 옆으로 팽이를 집어 던졌다고 한다.

"그래? 형이 나한테 먼저 팽이를 던졌단 말이지!" 이러면서 건민이가 건우 얼굴에 냅다 팽이를 집어던져서 그야말로 팽이 난투극이 시작된 것이다. 팽이 하나에 목숨 걸며 싸우는 두 살 터울의 아들들

답다.

"놀다 보면 그럴 수 있어. 자꾸 지니까 기분이 상하고 그래서 빈정거리는 말을 할 수도 있고 그 소리에 화가 나서 어떤 행동을 할 수는 있지. 그래도 사람을 다치게 하는 건 절대 안 되는 거야. 나도 마찬가지고 다른 사람도 마찬가지고. 다치게 하고 싶을 정도로 나쁜 마음이 든다면 그건 그때 그만둬야 하는 거야. 전에는 몰라서 그랬을 수도 있다 치지만 오늘 봤지? 형 피 많이 났고 방향이 조금만 위쪽으로 가서 형 눈에 맞기라도 했어 봐. 그럼 그때 형 한쪽 눈이 안 보이게 됐을 수도 있었어. 그럼 우리 모두 얼마나 슬펐겠니. 응급 처치를 바로 하고 밴드를 붙였으니 별일이야 없겠지만, 상처가 커서 흉터가 남을지도 몰라서 엄마아빠는 걱정이 이만저만이 아니야. 그니까, 형한테 진심으로 사과해."

눈물을 뚝뚝 흘리던 건민이가 "형아 진짜 미안해. 다시는 사람 얼굴에 뭐 던지면 안 된다는 거 내가 확실히 알았어. 그리고 형아가 아까 나한테 먼저 와서 넌 괜찮냐고 물어봐 줘서 내가 진짜 고마웠어. 그리고 나두 앞으로 다른 사람이 나한테 그러면 내가 어떻게 해야 되는지를 배웠어. 형 진짜 미안하고 고마워. 나 다시는 안 그럴 거야."
이러면서 또다시 펑펑 울었다.

건우가 "응, 그게 말이야. 니가 자꾸 까불거리면서 기분 나쁘게 한 건 맞지만 그렇다고 먼저 팽이를 던진 건 나잖아. 그건 형이 잘못한 것 같아."

하, 아이들이 이렇게 크는구나. 나에게 상처를 준 사람에게 먼저 다가가서 '넌 괜찮냐고, 너도 많이 놀랐겠다고, 너도 이렇게까지 될 줄은 몰랐을 텐데'라며 손 내밀 줄 아는 것. 나는 지금까지 그런 지혜를 알지 못했다.

'너도 화나서 그랬겠지, 오죽 하면 그랬겠냐. 이해는 하지만 그렇다고 나한테 이렇게까지 상처를 준다고? 그건 내가 용서 못하지. 이해는 하지만 용서는 못한다'는 말로 나 또한 상대방에게 상처를 주며 정당화했던 게 사실이다.

나는 건우에게 "우리 큰아들이 오늘 참 좋은 본을 보여 줬네. 동생도 많은 것을 배웠다고 했는데 엄마 또한 배운 게 많아. 오늘 네가 보여준 성숙한 행동이 우리 식구 모두를 감동시켰어. 엄마도 너무 고맙고 대견하다"고 말해 주었다.

아이들이 모두 진정되고 난 후에야 우리는 저녁 식사를 했다. 밥을 먹고 나자 아이들은 방으로 들어가 잤다.

남편은 "에휴 심란하다… 당신 이래 가지고 한 달 살 수 있겠어?" 하고 묻는다.

"여보, 많은 일들이 있겠지만 어쨌든 우리는 서로서로에게 배우며 성숙해가고 있잖아. 너무 걱정하지 마. 다 잘 될 거야…."

제주에서의 첫날은 이렇게 대찬 신고식으로 시작되었다.

둘째 날

아이들이 걷는 길을 멀리서 보다

둘째 날

　　　　　　　　　　둘째 날 아침은 여유롭게 일어나서 어제 마트에서 사온 밑반찬 몇 가지와 호박전을 부쳐 아침 식사를 준비했다. 전을 보더니 남편은 어제 먹다 남은 막걸리 한 병을 달라고 한다. 뭐 특별한 일정이 있는 것도 아니니 간단히 한 병 마시는 것도 나쁘지 않으리라.
　술이 한 잔 들어가니 남편 왈….
　"아! 일요일 아침 이렇게 집에서 바다를 보며 막걸리를 마실 수 있다니… 참 시절 좋구나."
　한가로운 일요일 아침을 맞는 것은 어려운 일이 아니나, 이렇게 지척에 아름다운 바다를 두고 여유롭게 있을 수 있는 날은 흔치 않았다.

　청소를 끝내고 나오니 확실히 어제와는 바람이 다르고 햇볕이 쨍쨍하니 보이는 시야가 다르다. 하늘도 훨씬 파랗고 바다도 더 선명한 파란색이다. 김녕성시해수욕장 방면으로 방향을 틀어 쭉 걸어가면서 바다를 보니 '참 아름답구나'라는 말 이외에는 어떤 말도 떠오르지가 않는다.

　우리 집 큰길 건너편에는 대학 후배 부부가 운영하는 게스트하우스가 있다. 여행 작가를 하던 여자 후배가 취재차 머물렀다가 제주의 아름다움에 빠져 멀쩡하게 회사를 다니던 남편을 그만두게 하고 제주로 내려와 게스트하우스를 차렸다.

남자 후배는 워낙에 꼼꼼한 녀석이라 하우스 구석구석 손이 많이 간 흔적들이 보였다. 집 한쪽에 아예 공방 하나를 만들어 거기서 어지간한 것들을 뚝딱거리며 만들었나보다. 아이가 없는 부부는 그렇게 둘이서 알콩달콩 게스트하우스를 운영하며 오손도손 잘 살고 있다.

부부는 모두 나의 대학 동아리 후배로, 사실 나는 대학 때 좀 무서운 선배였다. 워낙 원칙과 완벽을 추구하는 성격 탓에 후배들은 나를 많이 어려워했다. 모두에게 왜 그렇게 모질게 굴었는지 모르겠지만 그때는 그것이 맞는 것이라 생각했고, 옳은 일이라고 여겼다.

20여년 만에 만난 후배들과 같이 점심을 먹기로 하고 조금 걸어 나가서 제주 흑돼지 전문점으로 갔다. 우리는 자투리 고기와 목살 삼겹살을 적당히 섞어 먹었다. 제주의 명주 한라산이 몇 순 돌자 우리는 스무 살의 철없던 시절로 돌아가 추억들을 이야기하며 한껏 이야기꽃을 피웠다.

90년대를 20대로 살았던 우리는 운동권 동아리였던 탓에 학생회 조직의 굵직한 자리 하나씩을 차지했었고 그야말로 열정적이고 치열했고 찬란했으며 고통스러웠던 20대를 보냈다.
너무 많은 아픔과 희생과 상처들이 있었고, 그래서 본질적인 '나'보

다는 왜곡된 '나'로 사는 일이 많았다. 40대에 들어서면서 그런 예전 사람들을 만나면 종종 놀라곤 한다. '네가 원래는 이런 사람이었구나. 거의 20여 년을 너를 오해하며 살았구나.' 그리고는 생각한다. 20대의 너도 사랑하지만 지금 40대의 너를 훨씬 더 사랑한다고.

술 취한 어른들의 이야기가 지루해지자, 아이들은 먼저 집으로 돌아가 있겠다고 한다. 이곳은 처음이고 집까지는 20분도 넘게 걸어가야 하는 곳인데 괜찮겠냐고 물었다.

"여기서 한번 횡단보도 건너서 쭈욱 걸어가다가 '평대리 서동'이라고 써 있는 바위가 나오면 그 길로 들어가면 돼"라고 건우가 말한다.

무엇이든 스스로 결정하고 행동하는 걸 좋아하는 아이라 아까 오면서 혹시 너희들끼리 먼저 오게 될 수도 있으니 길을 잘 봐두라고 했던 게 효과가 있었다.

아이들을 보내고 나니 후배가 묻는다.
"언니, 애들만 저렇게 보내도 돼요? 애들을 참 독립적으로 키우네!"
"여긴 길도 단순하고 지금 대낮이잖아. 하나도 아니고 두 녀석이니까 서로 도와가면서 길을 찾을 것이고, 어려움이 생기면 해결해 보겠지. 정 안 되면 전화기가 있으니 나한테 전화를 할 거야."

아이들을 키우면서 이런 문제에 부딪힐 때가 많다. 어디까지가 방치고 어디부터가 독립일까?

건우가 여섯 살 때였다. 보통은 유치원이 끝나면 유치원에서 바로 태권도 도장 차를 타고 갔다가 집으로 왔었다. 그날은 태권도 차가 올 시간이 지났는데도 애가 오지 않아서 걱정을 하고 있는데, 20여 분이 지나고 얼굴이 하얗게 질린 건우가 문을 열고 들어와서는 "태권도 차가 나를 태우지도 않고 그냥 가버려서 어쩔 수 없이 나 혼자 걸어왔어"라고 말하며 엉엉 울었다. 많이 놀란 눈치였다.
놀라 우는 아이를 달래면서 "그래도 우리 건우가 대견하네. 혼자서 집을 다 찾아오고. 근데 건우야 앞으로는 그런 일이 또 일어나면 안 되지만 혹시 또 그런 일이 생기면 그 땐 너 혼자 걸어오지 말고 다시 도장으로 올라가서 사범님이 올 때까지 기다려." 하고 말해주었다. 그리고 나서 도장에 전화를 하니 도장에서는 건우가 하원하는 차에 타지 않은 것조차 파악하지 못하고 있었다. 태권도 도장에서 집까지 먼 거리는 아니었지만 중간에 넓은 차로를 한 번 건너야 했고, 통행량은 많지만 횡단보도가 설치되지 않은 좁은 도로도 두 번이나 건너야 했다. 6살짜리 아이가 혼자 걷기엔 위험한 길이었다. 많이 놀랐던 나도 관장과 통화하면서 '무슨 일이라도 생겼으면 어쩔 뻔했냐, 내가 이 애를 어떻게 낳았는데!' 하면서 울고 말았다.

텔레비전을 통해 자신의 감정을 통제하지 못하고 자녀에게 소리를 지르는 엄마들을 보면서 비웃었던 나도 엄마가 되고 보니 그들과 별로 다를 바가 없었다.

여섯 살 때는 동네에서 혼자 다니게 내버려 두기에는 위험한 일들이 많다. 하지만 이제 열 한 살인데 엄마 없이 집을 찾아가는 것쯤은 괜찮지 않을까?

아이들을 마마보이나 파파보이로 키우고 싶지는 않다. 자기결정권을 당당히 행사하고 자신의 결정에 스스로 책임질 줄 아는 건강한 어른으로 성장하기를 바란다. 요즘 다른 부모들을 보면 내가 너무 심한가 싶기도 하다. 저렇게 가서 별 사고 없이 집에 잘 도착하면 아이들의 독립성을 키운 것이 되지만, 가다가 행여 사고라도 나면 나는 순식간에 아이들을 방치한 어미가 된다. 독립과 방치 사이에서 언제나 아슬아슬한 줄타기를 하는 것이 바로 부모다.

그래도 이럴 땐 아이 둘을 낳은 것이 정말 다행이라는 생각이 든다. 하나였다면 엄두도 못 낼 일을 둘이라(둘 다 아들인 것도) 어느 정도 마음이 놓이는 것이 사실이다.

그러나 한편으로 슬프다. 언제부터 대한민국이 대낮에 대로를 걷는 아이들을 걱정하는 사회가 됐단 말인가!

둘째 날 아이들이 걷는 길을 멀리서 보다

셋째 날

무서울 땐 무섭다고 말해도 돼

셋째 날

오늘 아침 비행기로 서울로 가는 남편을 데려다 주러 공항으로 가는데 아이들도 같이 가겠다고 한다. 지금 가고 나면 2주 후에나 볼 텐데 집에서 그냥 '빠이 빠이' 하고 헤어지는 것은 아닌 것 같아서 아이들과 함께 출발했다.

어제까진 몰랐는데 아침에 보니 어제 붙인 건우의 습윤밴드가 많이 부풀어서 곧 떨어질 것처럼 네 모퉁이가 벌어져 있다. 이런 저런 얘기를 나누면서 공항으로 가는데 남편이 아무래도 병원엘 가 보는 게 좋겠다고 한다. 이왕 제주시까지 나왔으니 병원을 가보는 것도 좋겠다 싶었다.

병원으로 들어가니 매우 거만해 보이는 의사와 사무적인 간호사가 우리를 맞이한다. 의사는 상처가 많이 벌어져서 아무래도 꿰매는 게 좋겠다고 한다.

상처 부위를 꿰매야 한다는 말에 오히려 건우는 담담한 반면, 건민이가 어쩔 줄을 몰라 한다. 이게 다 자기 때문이라고 생각하니 제 생각에도 영 면목이 없는지 형의 눈치를 살핀다. 부분 마취를 하고 기다리는 동안 건우는 아무렇지도 않아 보였지만, 의사 샘이 손을 좀

잡아주시는 게 좋겠다고 하여 잡아 보니 땀으로 손이 축축했다. 동생이 마음에 걸려 아무렇지도 않은 척했지만 긴장이 되긴 했나 보다. 나는 가끔 그런 건우가 안쓰럽다. 안 그래도 되는데, 아프면 아프다고, 무서우면 무섭다고 해도 되는데 지나치게 참을 때가 있다. 그동안 내가 너무 아이에게 마음이나 감정을 억누르는 방법을 강조한 건 아닌지…. 잠깐 사이에도 많은 생각이 오고 간다.

결국 다섯 바늘 정도를 꿰맸다. 의사 선생은 자신의 실력을 과시하고자 함인지 꿰매는 현장을 나에게 생생히 보여주었다.

'아, 정말이지. 내 자식 생살 꿰매는 모습을 다시는 보고 싶지 않다.'

집에 와서 점심을 먹고 아들들과 해변으로 나갔다. 오늘도 제주 바다는 참 예쁘다. 이 동네는 정말 예쁜 카페가 많다. 아마도 바다가 보여서 그렇겠지만 아주 관광지로 개발된 느낌은 아니다. 골목골목에 크지도 않게 작은 집들이 바다를 향해 통창을 만들어두고 그 집만의 특색 있는 음식을 판다.

그런데 오픈 시간은 대부분 11시이고, 문 닫는 시간은 오후 5시나 6시였다. 카페의 경우는 7시까지 하는 경우도 있지만, 그것도 동절기에는 6시가 끝이었다. 그리고 평일 하루는 쉬었다. 음식점의 경우는 이틀을 쉬는 경우도 있다.

'아니, 그렇게 장사를 해서 먹고 살 수가 있단 말인가? 그것도 요식업이?'

요식업계에 종사하는 우리나라 사람들 중에 식사시간에 맞춰 제때에 밥을 먹을 수 있는 사람은 도대체 몇이나 될까? 나는 믿기지 않는 이 현실에 잠시 여기가 대한민국이 맞나? 하는 의심을 해 본다.

아이들이 고둥과 성게 잡기에 정신이 팔려 있는 동안 나는 해변을 산책했다. 풍력 발전 풍차가 펼쳐진 모습과 갈매기떼가 바위에 무리지어 있는 모습은 참 아름다운 풍경이었다.

한참 후에 돌아온 아들들. 그런데 큰 녀석의 엄지손톱에 성게 가시가 콱 박혔다.

'아, 미치겠다. 오늘 왜 이러니? 얼굴 꿰매고 온지 몇 시간이나 지났다고!!'

집에 바늘도 없고 이쑤시개도 없는데 무슨 수로 콱 박힌 가시를 뺄까. 이 밤에 읍내에 있는 병원은 문을 닫았을 거고. 그렇다고 응급실에 갈 수도 없고.

할 수 없이 차를 타고 3분 거리에 있는 하나로 마트에 가서 옷핀을 사와 가시를 뺐다. 그마나 그 정도였기에 다행이지 더 깊이 박혔더라면 그것 때문에 응급실 갈 뻔했다. 아휴….

떠나올 때는 짐이 참 많다고 생각했는데 와서 보니 없는 게 너무 많다.

서울에서 살 때에는 당장 필요한 건 집 앞 마트나 가게에서 얼마든지 언제든지 손쉽게 살 수 있었는데…. 그런 편리한 삶에 너무 익숙해져 있었나 보다. 필요한 게 하나 생기면 차를 타고 나가야 한다는 게 여간 불편한 게 아니다.

암튼 오늘은 정말 파란만장한 하루였다. 제발 내일은 그저 아무 일이 없기를….

넷째 날

때로는 포기하는 것도 선택이야!

넷째 날

　　　　　　　　　　오늘은 어제보단 좀 흐리지만 바람은 불지 않는다. 바다에 나가서 놀 수 있을 것 같다.
　아침에 일어난 아들들은 어제 잡아온 성게가 죽었다고 난리다. 아니 그 가시투성이를 내가 손질할 방법도 없고 그냥 소금물에 담가 놓았는데 독을 뿜은 것인지 어쩐 것인지 물이 갈색으로 변하고 성게들은 가시를 툭툭 건드려 봐도 미동도 않는다.

　아침을 준비하는 동안 자기들이 바닷가에 놓아주고 온다길래 그러라고 보내놓고 아침 준비를 했다. 성게를 놓아주고 돌아온 아이들은 사실은 성게가 죽은 게 아니라 바다에 놓아달라고 일부러 죽은 척을 했던 것 같다며 바다에 풀어주자 성게들이 가시를 움직이며 좋아했다고 한다.
　마지막에 놓아준 제일 작은 성게는 죽은 듯이 꼼짝을 하지 않아 건민이는 자기가 괜히 잡아놓아서 죽게 만들었다고 눈물바람을 했는데, 그 작은 성게가 '나 살아 있어'라고 말하듯이 뽀글하고 물방울 하나가 올라왔다며 "엄마 내가 죽인 게 아니어서 얼마나 다행인지 모르겠어"라고 말한다.

　아침 식사 후에 아이들은 그동안 밀렸던 공부를 하고 일기를 썼다.

우리 아이들은 사교육을 전혀 받지 않는다. 심지어 학교 방과 후 수업도 듣는 것이 없다. 누구에게 지시받고 시키는 대로, 정해진 대로 하는 일에 이상하리만치 거부감을 가지고 있는 건우는 공부가 아닌 미술학원이나 바둑 학원을 다니는 것도 무척이나 싫어하였고, 학원 얘기를 꺼내면 눈물 바람을 했다.

그래도 자기가 하고 싶다고 말하고, 흥미를 느끼는 일은 몇 시간이고 책상에 앉아 끝까지 해내는 집중력을 보이는 아이였다. 몇 시간씩 앉아서 레고를 조립하거나, 종이접기를 하거나, 만화책을 읽을 때는 사실 겁이 날 정도다.

그러니 억지로 무얼 시키는 일이 어렵다. 그리기가 어려워 미술 시간 내내 울면서도 결국 미술학원에는 가지 않았고, 3학년부터 시작된 영어 수업은 전혀 따라 가지를 못해 4학년인 지금도 겨우 알파벳만 아는 정도인데도 나는 영어 학원이든 과외든 도저히 시킬 수가 없었다. 형이 그렇다 보니 동생인 건민이는 당연히 학원은 몹쓸 곳으로 생각한다.

결국 우리 아이들은 학교가 끝나면 태권도장을 가는 것 말고는 아무 것도 하지 않는다. 그나마 태권도 학원은 건우가 몸이 너무 허약해서 내가 도저히 포기할 수 없는 것이라 가기 싫다고 울고불고 피곤해서 코피까지 쏟는데도 억지로 보내서 지금은 시범단도 하고, 곧 3품을 따게 될 정도까지 되었다. 지금은 장래희망 중 한가지로 '태권도 사범'이 있을 정도다.

아이들은 3학년부터 집에서 수학 문제집 한 장, 영어 듣기 20분을

넷째 날 때로는 포기하는 것도 선택이야!

하루씩 번갈아가며 하는 것이 공부의 전부다. 그러다 올 여름방학부터 한자 공부를 시작했는데 한자는 3개월에 한 번씩 급수시험이 있어서 아이들의 성취 욕구를 불러일으키기에 좋은 시험이다. 지난 8월에 처음 시험을 본 아이들은 성적이 좋아 상장까지 받고 나니 부쩍 동기부여가 돼서 11월에 치러지는 시험엔 조금 더 어려운 급수에 도전을 했다. 시험 접수를 하고 나서 보니 날짜가 제주도에 있을 때라 시험 장소를 제주도로 신청했고, 덕분에 아이들은 제주도에 와서도 매일 한자 공부를 조금씩 했다.

건우가 갑자기 한자에 관심을 가지게 된 건 아마도 내가 한자 1급 자격증을 가지고 있다는 걸 안 다음부터가 아닌가 싶다. 아이가 하나였을 때는 건우가 워낙에 예민하고 까칠했기 때문에 아이를 돌보는 일이 힘들어서 나의 자기계발 같은 건 꿈도 꾸지 못했다. 애가 잠들고 나서 책이라도 한 자 읽을라치면 얼마 안 가서 책 위에 침을 질질 흘리며 졸고 있는 나를 발견하기 일쑤였다. 그러다 2년이 지나고 좀 적응할 만한 시기에 둘째를 가졌고, 그 둘째가 형이랑 같이 놀 나이가 될 때까지 나는 제대로 책 한 줄 읽기가 힘들었다.

그리고 드디어 두 녀석이 함께 놀기 시작하자 육아가 좀 덜 힘들어졌고, 밤이면 피곤에 지쳐 침을 흘리며 자는 날이 줄어들자 나는 공부를 하기 시작했다. 하고 많은 공부 중에 한자공부를 시작한 것은 내가 한자를 좋아하기도 하지만, 3개월에 한 번씩 시험이 있는 것이 매우 매력적으로 느껴졌기 때문이다. 막연히 공부를 하는 것보다 결과물을 얻을 수 있는 공부를 하는 것이 느슨해지기 쉬운 자기를 강제하기가 더 쉽다. 저녁에 아이들을 재우다 깜빡 잠들었을 때도 '아, 나 한자 공부해야지!' 하며 다시 무거운 몸을 일으켜 책상 앞에 앉을 때 나는 행복했다. 그리고 내가 꽤 괜찮은 사람으로 느껴졌다.

그렇게 애들 스케치북에 손목이 아프도록 한자를 써가며 공부를 하고 3개월에 한 번씩 꼬박꼬박 시험을 치러서 4급부터 시작한 나는 1년 만에 1급 자격증을 손에 넣었다. 아, 그때의 뿌듯함이란! 남들에게야 뭐 국가 고시에 붙은 것도 아니고, 대학 시험에 붙은 것도 아닌 그저 그런 것일 수 있지만, 가정주부가 집에서 애들 키우며 스스로 공부해서 1급까지 땄다는 것은 나에게 서울대에 합격한 기쁨 못지않다고 말할 만한 자부심을 가지게 했다.

나는 아이들에게도 그런 기쁨을 맛보게 해주고 싶었다. 누가 시켜서가 아니고 그저 자기가 재밌고 좋아서 해보는 것, 그리고 그것에서 어떤 성취를 느끼는 것. 그것이 자존감을 높이는 가장 좋은 방법임을 나는 경험으로 깨달았다. 그래서 아이들에게 한자시험에 관한 이야기를 해주었고, 그 뒤로 아이들은 한자 공부를 시작했다.

넷째 날   때로는 포기하는 것도 선택이야!

자기가 흥미를 느끼는 분야는 끝까지 붙잡고 늘어지는 집중력이 있는 건우는 힘들긴 했지만 이번 급수도 통과할 수 있을 정도의 공부가 됐는데 문제는 건민이다. 사실 건민이는 아직 한글 단어도 많이 헷갈려 한다. 공부를 하면 할수록 아직 단어 사용 자체가 미숙한 아이에게 너무 높은 급수를 보게 한 것 같아 적잖이 걱정이 됐는데 아니나 다를까 무슨 뜻인지도 모르겠고 이런 단어가 있는지도 모르는데 무조건 외워야 하니 한계에 부딪치는 것 같다.

 공부에 영 집중을 못하고 90문제 중에 63문제를 맞아야 통과인데 14개, 15개 맞는 게 고작이다. 틀린 것을 다시 복습하고 물어봐도 계속 틀린다. 여러 번의 고민 끝에 그냥 이번 시험은 포기하자고 했다. 이제 시험이 바로 코앞이라 며칠 남지도 않았는데 절반도 맞히지 못하는 실력으로 어떻게 시험을 보겠나. 이 시험이 반드시 꼭 봐야 하

는 시험도 아니고 많이 힘들면 그냥 포기해도 된다고.

한참을 생각하던 건민이가 말한다.
"근데 엄마가 한자시험 본 날 그동안 수고했다고 게임 한 시간 시켜준다고 했는데 나 시험 안 보면 게임 못하는 거 아냐?"
아, 중도에 포기하는 게 고민이 아니고 게임을 못 할까봐 그게 고민인 거구나 너는.
"그래? 한자 안 하는 대신 하루에 영어듣기 하나, 수학 문제집 한 장씩 풀어. 그럼 그걸 한자 공부한 걸로 쳐줄게."
"오~~예!!"

중간에 포기한다는 것. 나에게는 그것이 언제나 어려운 일이었다. 무엇이든 한번 시작을 했으면 죽이 되든 밥이 되든 일단 끝까지 최선을 다해야 한다고 배웠고, 그렇게 살아왔다. 그래서 적성에 맞지 않거나 소질이 없는 분야의 일을 하는 것이 언제나 괴로웠다. 새로운 일을 시작할 때면 두려움과 망설임이 앞섰다.
쉽게 도전하고, '하는 데까지 해보고 안 되면 어쩔 수 없고'라며 가볍게 말하는 사람들이 늘 부러웠다. 그래서 도전하는 삶보다 안주하는 삶을 살아왔는지도 모르겠다.

영화 '스물(2015년작, 이병헌 감독)'에서 동우(준호분)의 대사를 듣고 나는 큰 충격을 받았다.

"왜 포기하는 사람은 욕먹어야 되는데! 세상이 뭐 김연아, 박태환

넷째 날 때로는 포기하는 것도 선택이야!

같은 애들만 있냐? 그렇게 되려다가 포기한 애들은 다 욕 처먹어야 되는 거야? 왜!!! 포기하는 게 얼마나 어려운 건데, 씨."

그렇지. 쉽게 포기하는 건 세상에 없는 데도 왜 우리는 늘 쉽게 포기하지 말라는 말을 써 왔을까. 어째서 포기라는 건 나쁘거나 게으르거나 열심히 안 하는 사람이 하는 말이라고 치부해 버렸을까.

이제는 포기도 하나의 선택이라고. 포기는 그만 두는 게 아니라 더 좋은 길, 나에게 더 맞는 길을 찾아가는 거라고 그렇게 말해주고 싶다. 포기는 쉬운 게 아니니 그 결정 또한 존중해 주고, 그렇다고 하여 지금까지 해왔던 것들이 다 아무 짝에도 쓸모없는 것이 아니라, 언젠가 네가 가는 그 길을 더욱 풍성하게 하는 데 쓰이게 될 것이라고. 그렇게 말해 줄 수 있는 성숙하고 너그러운 사람이 되자.

다섯째 날

우리가 잃어버린 열쇠는 어디에 있을까?

다섯째 날

오늘은 상처 꿰맨 자리에 드레싱을 하러 가는 날인데 아침에 자고 일어난 건우. 얼굴에 붙어 있던 밴드가 떨어져 상처가 덜렁 밖으로 드러나 있다. 오전 시간을 한가롭게 보내고 오후에 나가 드레싱하고 간만에 읍내 구경 좀 할까 했는데 마음이 급해졌다. 안 그래도 얼굴이라 흉이 질까 신경이 쓰이는데 꿰맨 실이 그대로 드러나 보이니 여간 거슬리는 게 아니다.

아침을 먹자마자 준비해서 나가니 그래도 읍내에 '○○의원'이라고 간판이 붙은 병원들이 몇 군데 있었다. 서울에 있는 의원들보다 규모가 꽤 큰 편이었다. 어딜 가나 병원에 가면 참 어르신들이 많다. 의사 선생님이 매우 친절하셔서 마음이 무척 편했다. 흉터가 남을 확률이 90퍼센트가 넘지만, 작은 상처라 크면서 눈에 잘 보이지는 않을 거라고 하셨다. 자신의 외모에 유난히 자부심이 강한(?) 건우가 흉터가 남을 거라는 말에 놀란 듯하더니 그래도 작은 흉터라 잘 안 보일 거라고 하니 안심을 한다. 어렸을 때부터 나는 외모에는 별 관심이 없었다. 그건 지금도 마찬가지인데 딸아이도 아니고 아들 녀석이 외모에 대한 부심이 저리 큰 게 나로서는 이해하기 힘든 부분이다.

세화리는 그래도 평대리보다는 큰 동네인지 병원도 많고 농협도 크고 식당이나 민박, 월세방을 놓는 집들이 꽤 많이 보였다. 차를 타고 좀 더 돌아보자고 해안도로를 타고 달리다가 높게 쌓인 돌담이 있어 내려서 둘러보았다.

우리가 마주한 '하도리 별방진'은 왜적의 침입에 대비해 지었다는 높고 넓은 석축건축물이다. 바다 건너서 온, 얼굴도 무섭게 생기고 말도 통하지 않고 흉악하기 이를 데 없는 오랑캐를 맞닥뜨린다는 건 참 무섭고 두려운 일이었을 것이다. 그래서 스스로를 지키기 위해 이런 석축도 쌓아올린 것이겠지.

넓고 높은 그 석축을 보며 무사안녕을 기원하던 옛 제주민들의 마음을 되새겨 본다. 중간 중간 계단이 있어서 그리로 내려오면 되는 것을 위험천만하게 기어내려 오는 건우를 보며 건민이 말했다.

"형아, 형아가 무슨 왜적이야? 그렇게 기어 올라오고 내려가지 못하게 하려고 이렇게 높고 크게 지었다잖아!"

하도 포구에 정박해 있는 낚싯배들 밑으로 작은 물고기들이 잔뜩 모여 있다. 그러다 가끔씩 수면 위로 튀어 올랐다. 아이들은 그 광경이 무척 흥미로웠는지 포구에 앉아 한참을 구경하더니 나보고 당장 낚싯대를 구해 오라고 성화다.

"얘들아! 낚시는 다음 주에 아빠 오면 그때 같이 알아보자."

아이들을 달래 조금 더 달려 보니 종달리 불턱이 나온다. 불턱은 원래 해녀들이 물질을 하기 위해 옷을 갈아입거나 물질이 끝난 후 몸을 녹이려고 불을 지피던 곳이었다고 한다.

옛날에는 무명옷을 입고 물질을 했다고 하니 정말 추웠을 것 같다.

불턱은 탈의실이나 몸을 녹이는 장소로도 유용했지만, 경험 많은 선배 해녀들로부터 물질 기술을 전수 받기도 하고, 그날 조류의 상황 등과 같은 정보를 교환하는 장소이기도 하면서 집안이나 마을의 대소사를 의논하는 곳이기도 했다고 한다.

때로 물질하다 아기에게 젖을 먹이는 해녀들의 공동체 공간이었다고도 하는데, 그럼 엄마 젖을 먹어야 할 정도로 어린 아기를 물질하는데 데리고 왔단 말인가? 도대체 해녀들은 얼마나 많은 일을 했던 것일까?

요즘은 어촌계 공동작업장이라는 이름의 탈의실과 온수시설이 있는 장소가 마련되어 불턱은 더 이상 사용하지 않는다고 한다.

여기서도 아이들은 희한한 모양의 돌 절벽을 오르내리며 내 속을 태운다. 이상하게도 우리집 아이들은 높은 곳에 올라가고자 하는 욕망이 강렬하다. 건우는 그네를 뛸 때도 너무 높이 뛰어서 사람 간담을 서늘하게 하는데, 그네타기가 지루한 날은 그네를 고정하는 틀을 아래서부터 기어 올라가 꼭대기 위에 올라가 앉아 있는 일이 허다했다. 건민이 또한 유난히 나무 위에 올라가는 것을 좋아해서 툭하면 놀이터 근처에 있는 나무 위에 올라가 있었다. 위험하니까 내려오라고 해도 막무가내였고, 나의 고함 소리는 아무런 의미 없는 메아리와도 같았다.

'저러다 지가 한번 된통 당해봐야 정신 차리지. 나만 혼자 애가 타서 무엇하랴.' 싶어 그냥 놔두면 지나가는 할머니들이나 동네 엄마들이 모두 한마디씩 했다. "얘, 너 위험하게 거기 왜 올라가 있니?" 나는 그 소리가 너무 듣기 싫어서 그냥 집으로 들어와 버렸다. 그렇게 지내던 어느 날 급기야 그네에서 높이 뛰다 떨어진 건우는 그 자리에서 기절을 했고, 119에 실려 가는 큰일을 겪기도 했다. 보통 그러면 그 뒤로는 높은 곳에 대한 트라우마가 생긴다든지, 높은 곳을 싫어한다든지 뭐 그런 증상이 나타나는 게 보통인데, 그 뒤로도 우리 아들들은 여전히 높은 곳을 사랑한다.

'위험하니 조심해라! 미끄러질라!' 하는 아무 의미도, 소용도 없는 잔소리를 몇 번 해대다가 이게 다 뭔 소용이냐 싶어서 있고 싶을 때까진 맘껏 있으라 하고 나는 책을 들고 근처 바다가 보이는 언덕 위 돌로 만들어진 테이블에 자리를 잡았다.

한참만에 내려온 아이들을 데리고 세화 하나로 마트에 가서 간단히 장을 보고 집으로 돌아왔는데, 아뿔사… 아무리 찾아도 집 열쇠가 없다.

마지막으로 문을 잠근 건 건우. 그리고 그 열쇠를 줄곧 가지고 있던 것도 건우. 차를 뒤지고 옷을 뒤지고 가방을 뒤지고 다 찾아 봤지만 결국 찾지 못했다.

건우는 병원까지는 열쇠가 있었다고 한다. 그럼 하도리 별방진이나 포구나 종달리 불턱에서 잃어버렸다는 얘기다. 지금 다시 그곳으로 돌아간다고 해도 잃어버린 곳이 정확치 않으니 찾을 확률은 현저히 낮다.

부아가 치밀어 올랐다. 평상시 건우는 행동이 매우 느린 편이다. 뭘 하기로 하든 어디를 가기로 하든 빨리 준비하고 나오는 법이 없다. 자기 하던 일을 멈추고 다른 일로 전환하는 일이 쉽지가 않다. 그래서 유치원을 다닐 때도, 지금의 학교를 다니면서도 적잖이 고생을 했다. 양치하러 화장실에 갔다가 시간이 늦었는데도 나오지 않아 들어가 보면 세면대가 더럽다며 세면대를 꼼꼼히 닦고 있지를 않나, 아침에 읽기 시작한 책을 다 읽기 전까지는 꼼짝하지 않고 앉아 있는 경우도 허다했다. 이러한 태도는 아무리 지적을 하고 설명을 하고 윽박을 질러도 해결되지 않았다.

처음엔 다른 사람들이 모두 기다리는 데도 상황이야 어떻든 자기 할 일만 하는 건우를 보며 어떻게 저렇게 이기적일 수가 있나 너무나도 화가 났다. 나는 지금도 누구에게 민폐를 끼치는 일이 제일 싫다. 그래서 부탁을 하거나 요구를 하는 일이 어렵다. 나한테 쉽게 요구하거나 부탁하는 사람들이 당황스럽기까지 하다. 그런데 내 아들이 거

기에 속할 줄이야.

그래서 우리 가족들은 늘 먼저 나와 있다. 집안에서 함께 기다리다 보면 결국 소리를 지르게 되고, 출발에서부터 서로 기분이 상하는 경우가 많기 때문이다. 그건 제주에 와서도 마찬가지였다. 언제나 항상 늦게 준비하고 나오는 건우 때문에 문을 건우가 잠갔고, 열쇠를 달라고 하면 자기가 잘 가지고 있을 수 있다며 열쇠를 주지 않았다. 그러더니 결국 이런 사단이 난 것이다.

평상시 같았으면 "그러게 내가 뭐랬어? 열쇠 엄마 주라고 했지? 네가 잘 가지고 있을 수 있다면서 끝까지 고집 피우면서 엄마한테 열쇠 안 줬잖아? 가지고 있었으면 높은 곳에 올라가지를 말든가 갈 거면 열쇠를 맡기던가. 너는 맨날 너 하고 싶은 대로 다 하면서 결국 여

다섯째 날 우리가 잃어버린 열쇠는 어디에 있을까?

러 사람들 불편하게 만들잖아!" 하면서 비난의 말을 어지간히 쏟아 놓았을 것이다.

하지만 난 이제 더 이상 그러고 싶지 않았다. 아이들을 그렇게 윽박지르며 살고 싶지 않아서 그래서 제주도에 오지 않았는가. 야단은 치되 화는 내지 말라고 했다.

'화내지 말자. 화내지 말자. 어차피 화낸다고 돌아올 열쇠도 아니고, 분명 주인집에 여분의 열쇠가 있을 것이니 그걸 쓰고, 다음에 실밥 뽑으러 갈 때 읍내에 나가서 복사하면 된다.'

주인집에 가서 죄송하다고 하고 열쇠를 하나 얻었다. 그리고 건우에게 물었다.

"봤지? 엄마가 몇 번이나 열쇠 달라고 했는데 네가 안 줬잖아. 그러니까 이렇게 잃어버리고 여러 사람 불편하게 됐어. 주인집에 여유분의 열쇠가 있었으니 망정이지 없었으면 문 따는 사람 불러야 하고 그럼 일이 얼마나 커졌겠어? 다음에 이런 일이 또 일어나지 않게 하려면 어떻게 하는 게 좋겠니?"

나는 건우에게 이렇게 말해 놓고 '내가 생각해도 훌륭하다. 화가 나지만 난 결코 화내지 않았다! 좋아, 자연스러웠어!'라며 나 자신을 뿌듯해 했다.

그런데 건우 왈 "앞으론 열쇠를 주머니에 넣고 꼭 지퍼를 닫을 게."

끙…. 열쇠를 엄마가 관리하라는 소리는 절대 안 하는군.

이 소란을 겪고도 아이들은 아무렇지도 않게 바닷가에 나가서 신발까지 홀딱 젖어서 돌아오더니 다시 옷을 갈아입고 나가서 이번에는 완전히 모래로 뒤범벅이 돼서 돌아왔다.

그래. 바닷가에 나가 놀면서 젖을 거 생각 안 하고 모래 묻히고 들어올 거 생각 안 한다는 게 이상하다.

안 그래도 두꺼운 겨울옷을 신발까지 해서 두벌씩 버려 놓으니 순식간에 빨래 더미가 쌓였다.

아! 한숨이 나온다. 모래가 잔뜩 묻은 옷은 그대로 세탁기에 돌리면 세탁기가 고장 나기 때문에 전부 애벌빨래로 모래를 다 털어줘야 한다.

화장실에 쪼그리고 앉아 두 녀석이 버려놓은 신발 네 켤레와 내복 네 벌, 바지 네 벌, 윗도리 네 벌, 겨울잠바 네 벌을 빨고 나니 심신이 너덜너덜하다.

어쩐지 아까 마트에서 이상하게 맥주를 사고 싶더라니 다 이유가 있었군.

결국 나는 맥주 4캔으로 고단한 오늘 하루를 마무리했다.

여섯째 날

학교
안 가길
자알했다!

여섯째 날

오전에 각자 할 일들을 마치고 12시쯤 나가자고 성화를 부리는 아이들 등쌀에 할 수 없이 바다로 나가니 바람이 불긴 불지만 못 놀 정도는 아닌 듯하여 놀라고 했는데, 한 30분쯤 놀았나? 후두둑 빗방울이 떨어진다. 막 쏟아질 것 같진 않아도 그렇다고 그냥 맞고만 있을 수는 없을 것 같아 들어가자고 하니 아이들이 온지 얼마나 됐다고 벌써 가냐고 투덜댄다. 그럼 근처 바다가 잘 보이는 곳에서 점심을 사 먹고 그 사이 비가 그치면 다시 나와서 놀자고 달랬다.

건우가 음식이 맛있어 보이는 식당이 있다며 방향을 잡았는데 아마도 방향을 잘못 잡은 것인지 한참을 걸어도 식당이 나오지 않았다. 바람이 너무 세서 제대로 서 있기도 힘들어 방향을 돌리고 싶은데 아이들은 그냥 산책 겸 걷자며 세화리까지 내처 걷자고 한다. 다시 돌아가기에도 이미 너무 멀리 온 터라 다른 선택의 여지가 없어 그냥 걷기로 했다. 세화리까지는 2킬로 남짓. 바람을 맞으며 걷자니 여간 힘든 게 아니다.

그런데도 무엇이 그리 좋은지 마냥 신나서 걷는 아이들을 보며 서울에서 이렇게 걸으라 했으면 다리가 아프네, 목이 마르네, 왜 이렇게 먼 데까지 왔냐는 둥 여기서 기다릴 테니 가서 차를 가져오라는 둥

불만이 대단했을 녀석들인데, 넓고 푸른 바다가, 자연이 좋긴 좋은가 보다.

결국 30여 분을 걸어 세화리에 와서 돈가스와 고기 국수를 먹었다. 돈가스는 그야말로 두툼한 제주 흙돼지 돈가스였다. 진짜 고기를 먹는 것 같은 기분이랄까. 고기 국수는 내 입맛에는 그닥 맞지 않았다. 고기를 엄청 좋아하는 친구가 아들이랑 제주도에 놀러왔다가 뭣 모르고 고기 국수에 고기를 추가해서 국수를 먹다 느끼해 죽을 뻔했다는 웃픈 얘기가 무슨 뜻인지 알겠다.

집으로 돌아오는 길에 소화도 시킬 겸 걸어서 오자는 아들들과 함께 길가에 있는 돌멩이를 서로 번갈아 걷어차며 걸었다. 현무암이 주를 이루는 제주에서는 돌멩이가 가벼워 차고 놀기에 좋았다. 우리집에서 5분 거리 정도 되는 곳에 초등학교가 있어서 오는 길에 둘러보았는데, 폭신한 잔디와 달리기 트랙도 깔려 있는 운동장이 무척 예뻤으며, 알록달록 색이 칠해진 학교 건물도 예뻤다.

사실 제주 한달살이를 계획하면서 아이들을 학교에 보내보려고 알아봤었다. 주소지를 아예 제주로 옮겨 전입신고를 하고 나면 '전학'이라는 형식으로 학교를 다니는 방법이 있다. 하지만 이건 학생부를 옮겨와야 하는 번거로움이 있다. 간단한 방법은 위탁교육이라고 해서 다니던 서울 초등학교장의 허락을 받고, 다니고자 하는 제주 초등학교장의 허락을 받으면 간단한 서류 절차만으로도 학교 교육을 받을 수가 있었다.

제주도에 있는 초등학교에 아이들을 보낼 생각에 나는 희망에 부

풀었다. 제주도에 있는 초등학교들은 학교도 예쁘고 아기자기한 규모에 한 학년이 한 학급 이상인 경우가 거의 없었다. 인원수도 많지 않아서 정말 많아야 20명 가까이 되고 대부분은 10명 안팎이었다. 나는 머릿속으로 우리 아이들이 제주도의 아이들과 정을 나누며 함께 공부하고, 운동장에서 축구를 하고, 바닷가에 나가서 같이 놀고, 해질녘 집으로 돌아오는 꿈을 꾸었다. 제주도 생활이 끝나고 서울로 돌아오면 그 친구들과 편지로 서로의 안부를 전하고, 정말 마음이 맞는 친구를 만나면 방학 때 서로의 집에도 초대를 하는 그런 지극히 낭만적인 꿈을 꾸었다.

그런데 몇 군데를 알아봐도 아이가 들어갈 자리가 없다는 대답만 돌아왔다. 아니 이게 무슨 소리인가? 정원이 10명이 안 되는 데 아이를 가르칠 수가 없다니. 서울에서는 한 반 인원이 적게는 25명에서 많게는 28명인데, 10명이 안 되는 교실에서 정원이 넘쳐서 가르칠 수가 없다니.

7~8군데의 초등학교에 여러 번 전화를 한 끝에 나는 답을 얻었다.

여섯째 날 | 학교 안 가길 자알했다!

한 초등학교 담당 선생님이 말씀하시길 "사실, 제주 한 달 살기가 유행하면서 정말 많은 아이들이 제주를 찾아옵니다. 그런데 그렇게 한 달씩 있다가 가버리면 가는 사람이야 가고 나면 그만이지만 남겨진 아이들이 너무 힘들어해요. 또 주로 저학년들이 많다 보니 그 반을 담당하고 있는 선생님께도 업무 과중이 너무 심합니다. 그래서 각 학교는 학교별로 내규를 두어서 1년에 받는 인원을 정해 놓고 있어요. 벌써 날씨 좋은 상반기에 많은 아이들이 하고 가서 지금 현재는 자리가 없습니다. 초등 고학년만 돼도 애들이 학원을 많이 다니고 제주 한달살이를 하는 애들이 별로 없어 4학년 학생의 경우는 여기서 한 달 다닐 학교가 꽤 있을 거예요. 하지만 2학년 학생은 자리가 거의 없다고 보시는 게 맞을 겁니다."

게스트하우스를 하는 후배도 말했다.
"솔직히 위탁 교육하는 거 서울 엄마들의 욕심이지. 아침에 학교 앞에서 봐봐. 제주 사는 애들은 다 걸어서 다녀. 차로 학교 등교하는 애들 다 서울에서 온 애들이야. 서울 사람들은 그런 식으로 분위기 다 흐려 놓고 가버리면 그만이라니까. 그리고 누나는 뭐 여기 제주도 애들은 시골 애들이라고 맨날 놀기만 하고 그런 줄 알아? 여기도 국제 학교 생기고 뭐하고 그러면서 분위기가 예전 같지 않아. 학교 끝날 때 나가서 보면 학원 차들이 줄줄이 대기하고 있다가 바로 학원으로 픽업해 가는 애들 많더라."
물론 전학이나 위탁교육을 하는 모든 부모와 아이들이 그렇다는 얘기는 아닐 것이다. 그 중에는 정말 좋은 추억과 경험을 나누어 가지고 가는 아이들과 부모들도 많을 것이다.

참 부끄러웠다. 비록 한 달 간이지만 아이들이 제주에서 학교도 갈 수 있다는 생각에 부풀어 있었던 나는 얼마나 이기적인 사람인가. 남의 아이들이 어떻게 생각하고 받아들일지 들여다보지 못하고 그렇게 하면 내 아이에게 좋겠구나. 나도 자유 시간을 좀 가질 수 있겠구나 하는 단순한 생각을 가지고 있었던 것이다.

학교를 다니면 동네 친구도 사귀고 좋긴 했겠지만, 만약 학교에 들어갔다면 아침에 '빨리 일어나라 학교 늦겠다.', 저녁에 '일찍 자라. 괜히 지각해서 분위기 흐리고 서울 애들은 다 저래라는 소리 듣는다'고 아마도 나는 애들을 어지간히 닦달했을 사람이다. 그럼 굳이 제주까지 올 이유가 무엇이겠는가. 자고 싶을 때 자고, 일어나고 싶을 때 일어나고, 먹고 싶을 때 먹고, 그저 느리게 여유 있게 실컷 놀려고 왔는데….

여섯째 날 학교 안 가길 자알했다!

학교 안 가길 자알했다!

집에 돌아와 아이들은 다시 바다로 가고 (정말 체력도 대단하다) 6시가 넘어서 깜깜한데도 들어오질 않아 결국 바다에 나가 끌고 돌아왔다. 저녁 준비를 하는데 화장실 갔던 큰 놈이 소리친다.

"엄마, 변기 막혔어!"

아. 미치겠다. 오늘은 별 사고 없이 조용히 넘어가나 했더니 뭐어? 변기가 막혀?
아! 너네들 수발들기 진짜 피곤타… 아들들!!!

일곱째 날

월정리 바닷가에서 하루 종일 놀아보기

일곱째 날

　　　　　　　　어제 늦게까지 흥분 상태로 잠을 못 자던 아이들은 아침에도 컨디션이 별로 좋지 않다. 어거지로 아침을 몇 술 뜨고 오늘은 얼굴 실밥을 빼는 날이라 병원으로 갔다.
　헉, 그런데 의사선생님이 수액을 맞으면서 진료를 본다. 어디가 아프신 걸까? 아님 설마 해장 수액?은 아니겠지?
　가끔 너무 피곤해서 수액을 맞는다고 의사 샘이 변명 비슷하게 하신다. 물론 진짜겠지?
　간호사 선생님이 말하길 약 바를 것도 없고 밴드는 내일 떼도 되는데 햇볕을 보면 흉터가 생길 수 있으니 햇볕을 쬐지 않도록 조심하란다.
　응? 애들한테 햇볕을 쪼이지 말라고? 그게 가능한 일일까?
　오늘은 나온 김에 요즘 북제주도에서 가장 핫하다는 월정리 해변을 가보기로 했다.

　와~ 그런데 여기 바다 색은 또 다르구나. 월정리는 요즘 핫한 곳답게 평일 대낮인데도 사람이 많았다. 해안을 바라보는 위치에 예쁘게 생긴 카페와 식당들이 쭈욱 늘어서 있다. 며칠 조용한 평대리에 익숙해졌는지 사람 많은 월정리에 오니 간만에 번화가에 나온 촌사람 같다. 평대리보다 넓게 펼쳐진 모래사장을 보고 소리 지르며 달려

간 아이들은 점심을 먹고 놀자는 나의 말에 자기들은 배가 고프지 않으니 엄마만 가서 밥을 먹고 오란다.

아이들을 기다려 볼까 했으나 바람은 세게 불고 배는 고프고 그렇다고 밥도 안 먹고 밥값만큼 비싸 보이는 커피숍에 들어가 과소비를 하고 싶지도 않아서 나는 일단 식당에 가기로 했다. 월정리는 젊은 사람들이 많이 모이는 곳이라 그런지 으레 바닷가 근처에 있어야 할 횟집은 없고, 예쁜 카페와 간단한 요깃거리를 파는 곳이 많았다. 인터넷에서 맛집으로 상위에 랭크돼 있는 식당으로 가서 '왕새우해물짬뽕라면'을 먹어보기로 했다. 헉 그런데 라면 한 그릇에 13,000원이라니. 뭐 관광지니까 비싼 만큼 가치가 있을 거라 믿고 시켰다.

역시 13,000원이 아깝지 않다. 푸짐하고 맛있다. 아이들은 바깥 추운데서 놀고 나 혼자서 맛난 음식을 먹자니 영 찔려서 아들들에게 식당 오기 전에 식당 위치를 알려주고 혹시 놀다가 배고프면 오라고 일러두었건만. 음식이 좀 늦게 나오고 혼자 다 먹느라 식사가 꽤 늦어졌음에도 아이들은 오지 않았다.

할 수 없이 나와 보니 놀러 온 다른 집 아이들까지 합세해서 모래를 눈덩이처럼 뭉쳐 바다에 던지고 노느라 정신이 없다. 얼굴과 볼은 완전 새빨간데 춥지도 배고프지도 않단다. 한참을 더 놀았는데도 도무지 돌아갈 생각이 없는 아들들에게 이제는 제발 가자고 사정사정해서 데리고 나왔다.

건우 왈 "춥지도 배고프지도 않은데, 엄마 힘들어서 더는 못 놀겠어."

왜 아니겠니. 이 엄청난 바람을 맞으며 몇 시간을 놀았는데. 우선

일곱째 날 월정리 바닷가에서 하루 종일 놀아보기

편의점에 가서 따뜻한 음료라도 먹이고 식당에 가려고 했더니 아들들이 컵라면을 드시겠단다. 나는 좋은 거 먹고 아이들에게 인스턴트를 먹이는 게 엄청 찔리긴 했으나, 뭐 너희들이 원한다면야 할 수 없지. 아이들은 따뜻한 베지밀을 한 병씩 마시고 원하는 컵라면을 하나씩 들고 차에 탔다. 컵라면은 집이 가까우니 집에서 따뜻하게 먹기로 했다.

집에 와서 부랴부랴 밥을 하고 물을 끓여서 컵라면을 끓여 주었더니 아이들은 밥까지 말아서 실컷 먹었다. 오늘은 텔레비전을 좀 보고 싶다고 하여 그러라고 했다.

건우가 몸이 많이 허약하다 보니 나는 아이들 먹을 것에 좀 예민한 편이었다. 삼시 세끼를 꼭 제대로 먹어야 하기 때문에 식사 시간과 간식 시간의 구별이 명확했고, 식사 하기 2시간 전에는 아무리 배가 고파도 사탕 하나 먹지 못하게 했었다. 밥 먹기 전에 단 것을 먹으면 입맛이 없고, 입맛이 없으면 밥을 먹는 자세부터가 나쁘니 나는 밥을 앞에 두고 그런 행동을 하는 것을 참지 못했다. 안 그래도 건우는 밥을 매우 느리게 먹는 편이라 내 속을 뒤집어 놓는 일이 한두 번이 아니었다. 사정이 이렇다 보니 우리 아이들은 남들이 흔히 말하는 불금이라 하여 늦게까지 노는 것도 허용되지 않았다. 물론 방학이라 해서 늦게 자고 늦게 일어나는 일은 꿈도 꾸지 못하였다. 방학이건 아니건 아침은 8시에 먹고, 점심은 1시, 저녁은 7시에 먹는 것이 아이들이 태어난 후 근 10년간 변하지 않는 원칙이었다.

건우 문제로 상담센터에서 상담을 받은 적이 있었는데 나는 거기 상담 선생님께 "학원도 안 다니고 자기 놀고 싶을 만큼 실컷 노는데 이 정도면 다른 애들에 비해서 정말 자유롭게 크는 거 아닌가요? 그런데도 애들은 뭔가 억눌려 있다고 생각하나 봐요"라고 말했다.

그랬더니 선생님은 이렇게 말씀하셨다.

"어머님! 아무리 다른 자유가 있다고 해도 사람의 기본 욕구가 의식주인데, 그 의식주가 자유롭지 못하면 어떻게 자유롭다고 할 수가 있으며, 그 생활에서 어떻게 행복을 느낄 수 있겠어요? 가정이 군대도 아니고, 군대에서 행복하다고 느끼기는 어렵지 않을까요?"

아, 왜 나는 그런 생각은 못했을까. 그저 부모의 의무에 대해서 생

각했고, 그래야 건강할 수 있다고 생각했다. 방학이라고 해서 생활이 흐트러지는 것이 싫었고, 언제나 정해진 규칙대로 진행되는 것이 좋았다. 그래서 나는 방학이 싫었다. 그나마 학교를 다닐 때는 급식을 먹고 오니 좀 나은 편이었는데, 방학 때는 하루 세끼에 중간 간식까지 먹이려니 그야말로 밥 차리다 하루가 다 가는 것 같은 그런 기분이었다.

그래서 제주도로 올 때 생각했던 것 중 하나가 아침에 배고프다고 할 때까지 밥 차려 주지 않기, 먹고 싶다고 하는 게 있을 땐 같이 해먹기였다.

그러고 나니 아, 세상 참 편하다! 진즉에 이렇게 살 걸.
자주는 아니지만 가끔은 인스턴트 음식도 먹고, 또 레토르트로 먹고, 어떤 날은 세끼가 아니라 두 끼만 먹을 수도 있고 그런 거지. 그런다고 해서 애가 당장에 비쩍 마르거나 영양실조가 걸리진 않더라!

추운데서 놀다 따듯한 방에서 뜨거운 국물까지 먹고 배가 부르니 몸이 축 늘어진 아이들은 햇볕에 그을린 빨간 볼을 하고 뒹굴뒹굴한다.

그래, 내일은 건우 한자시험이 있는 날이라 여기서 한라대학교까지 가려면 집에서 9시에는 나가야 하니 오늘은 일찍 좀 쉬자. 너네 그동안 너무 열심히 놀았어. 어부 아저씨들도 너네만큼 열심히 바다에 나가지는 않을 거야.

여덟째 날

여행도 하고 게임도 하고

여덟째 날

밥만 먹으면 바다로 나가 하루 종일 바람을 맞으며 놀았던 것이 힘들긴 힘들었던 모양이다. 오늘 한자시험이 있는 날이라 컨디션 조절을 해 줘야 할 것 같아 어제 일찍 재웠는데 아침 8시가 넘어가는 데도 아이들은 도무지 일어날 생각을 않는다.

부랴부랴 아이들을 깨워서 밥을 먹이고 한자시험을 보러 한라대학교에 갔다. 제주도에는 한자시험 장소가 한라대학교 한 군데 밖에 없어서 그런지 이 아이들이 다 어디서 나왔나 싶을 만큼 아이들이 많았다. 초등학교 고학년이나 중고등학생은 거의 없는 듯하고, 아직 미취학 아동이나 초등 저학년 아이들이 월등히 많았다.

건우가 시험을 치르는 동안 건민이와 함께 학교 주변을 둘러보는데 한라대학교 정문 맞은편에 작은 공원이 있었다. 대학교 앞이니 놀이터가 있는 공원은 아닌 듯하고 멀리서 보니 황금색으로 칠해진 작은 동상 같은 게 보여 뭔가 가보니 제주 평화의 소녀상이었다.

이 소녀상은 2015년도에 제주 대학생들이 주축이 되어 만들었다고 한다. 아직 문자 해독력이 부족한 건민이는 작은 글씨로 새겨진 설명문을 제대로 읽지 못하고 내게 묻는다.

"엄마, 여기 뭐라고 써 있어? 왜 소녀 동상인데 그림자는 할머니야?"

여덟째 날 여행도 하고 게임도 하고

아이에게 위안부 할머니 이야기를 여러 번 해준 적이 있지만, 아직 어린 아이들은 정확히 이해하지 못하고 볼 때마다 묻는다. "할머니들이 이제 연세가 많으셔서 자꾸 돌아가시는데 아직도 일본이 진심 어린 사과를 하지 않고 있으니 큰일이야"라고 설명하니, 작은 아들이 말한다. "일본사람들은 용기가 없나보다. 엄마, 내가 살아보니까 내가 잘못한 걸 알고 있는데도 사과를 하려면 용기가 필요하더라고."

9살 인생을 산 어린이도 알고 있는 삶의 깨우침. 잘못을 알고 있어도 사과를 하는 데는 용기가 필요하다. 그래서 진심으로 사과하지 않는 건 비겁한 거다.

시험을 끝낸 건우가 기진맥진해서 나온다. 시험이 어렵지는 않았는데 낯선 환경에서 시험을 보려니 많이 긴장을 했었는지 차에 타자마자 "엄마 그냥 아무데도 들리지 말고 우선 집으로 가요." 한다.

시험은 아들이 봤는데 나도 긴장을 했었는지 운전해서 돌아오는 길에 계속 하품이 나고 피로가 몰려온다. 집에 와서 우리집과 마당을 공유하고 있는 카페에서 간단히 점심을 먹기로 했다. 마당을 공유하고 있으면서 이 집에 들어와 보기는 처음이다. 블로그에 많이 올라와 있는 맛있다고 소문난 쫄탱떡볶이와 통전복주먹밥을 먹었다.

흠… 제주도는 관광지라 그런지 물가가 비싸다. 맛있는데 양이 너무 적다. 아이들은 주먹밥 한 개씩을 더 먹고 더 사달라는 것을 겨우 말렸다.

집에 들어오자마자 아이들은 게임을 시켜달라고 조른다. 그래 이건 약속 한 거니까 시켜 줄게.

오늘 한자시험보고 나면 3개월 동안 시험 준비하라고 노력한 보상으로 게임을 한 시간 시켜주겠다고 약속했으니까.

게임 문제는 요즘 부모들의 공통된 고민이다. 남편도 나도 게임에 대해서는 거의 문외한이다. 둘 다 문과 출신인데다 디지털 기기에 민감하지도 민첩하지도 않다. 72년생인 우리 부부는 아날로그 시대와 디지털 시대를 경유해서 살고 있지만 생각과 생활방식이 아날로그적이다. 컴퓨터 게임이 대유행을 할 때도 왜 사람들이 피시방이라는 곳을 찾아다니면서까지 게임을 하는지 이해하지 못했고, 모바일 게임이 보편화되고 심지어 빨리들 이 재미있는 게임을 하라고 텔레비전에까지 게임 광고가 나오는 시대에도 사람들이 왜 그렇게 게임을 하는지 이해하지 못한다.

그러나 완전한 디지털 시대를 살고 있는 우리 아이들은 게임에 대

여덟째 날 여행도 하고 게임도 하고

한 집착이 대단했다. 특히 건우는 영상미디어에 대한 욕구가 강렬한 것 같다. 방학 때 영화관에 가서 큰 화면으로 영화를 볼 때 가만히 지켜보면 너무 집중한 나머지 온몸이 땀으로 젖고, 긴장되는 부분이나 흥분되는 장면이 나오면 가만히 있지를 못하고 몸을 이리저리 배배 꼰다. 아이들 영화는 길어도 90분을 넘지 않는데 극장에서 나오면 긴장과 흥분이 풀리면서 꼼짝없이 한 시간 정도는 누워 있어야 했다. 친구들 중 누군가 게임기를 가지고 있으면 그 옆에 붙어 앉아서 화면을 쳐다보느라 먹는 것도 노는 것도 잊어버린다. 한번은 게임하다 화장실 가는 시간이 아까워 참다가 바지에 실례를 하는 기함할 일도 있었다.

형이 있다 보니 건민이는 으레 형보다는 이른 나이에 미디어를 접하게 된 게 사실이다. 형이 하는데 동생만 아직 어리니 너는 안 된다고 할 수 없다는 건 아이가 둘 이상인 집에서는 무슨 얘기인지 알 것이다.

건민이는 감성이 풍부하고 몰입도도 아주 높다. 그래서 책을 읽으면서도 잘 웃고 울고, 텔레비전을 보면서도 잘 웃고 울고, 심지어 남의 이야기를 들으면서도 잘 울고 웃는다.

그래서인지 어쩌다 게임을 한번 하게 되면 감정을 주체하지 못하는 경우가 종종 있었다. 아이템이 없어서 자기가 게임에 졌다며 왜 아이템을 못 사게 하냐고 나에게 고래고래 소리를 지르기도 했고, 어떨 땐 형이 자기보다 2분을 더했다면서 물건을 던지기도 했다.

아이들의 그런 특성 때문에 나는 가능하면 그런 미디어 기기에 노출시키지 않으려고 많이 노력하는 편이다. 남편이나 나나 둘 다 텔레비전도 잘 안 보고 게임도 잘 안 한다. 그런데 나만 안 시킨다고 되는 문제가 아니었다. 학교에 다니고 또래 친구들 문화가 있다 보니 더 이상 게임을 안 시켜 줄 수가 없었다. 여러 가지 문제와 고민과 난관 끝에 올해부터는 토요일에 한 시간, 일요일에 30분, 공식적으로 게임 할 수 있는 시간을 주었다.

주변의 다른 아이들과 비교해 봤을 때 게임 시간이 그렇게 긴 편은 아니다. 그런데도 나는 아직도 아이들이 핸드폰이나 태블릿을 들고 게임하는 모습을 보는 것이 힘들다. 그걸 보고 있으면 왜 그렇게 화가 나는지도 모르겠고, 게임을 하고 나면 몇 시간 동안 그 게임에 관한 이야기를 하는 것도 듣고 있기가 힘들다.

게임에 관해 여러 가지 부모교육도 들어봤으나 아직은 나와 우리 아이들에게 맞는 적정한 타협점을 찾지는 못하고 있는 것 같다.

제주까지 와서 게임을 하고 있는 아들들을 보면 부아가 나지만, 그래도 오늘은 3개월간 준비해온 시험을 치른 날이니까 그냥 내가 봐주자.

저녁밥을 다 먹고 나서도 속이 허한지 계란프라이를 해달라는 아들들. 알았다고 베란다에 내어놓은 계란을 가지러 나갔는데 기어이 자기가 먹을 계란을 자기가 고르겠다고 계란을 가지러 베란다로 나간 나를 불러낸다.

'아니 골라봐야 거기서 거기지. 어차피 같은 한판에 들어있는 계란인데.'

할 수 없이 그럼 네가 가서 계란을 가져오라고 하고 다시 들어와

가스 불에 올려놓은 프라이팬을 살펴보고 있는데 드르륵 하고 베란다 창 닫히는 소리가 들리기에 보니 건민이가 양손에 계란을 네 개씩이나 들고 문을 닫고 있다.

"그렇게 들고 있다 계란 놓쳐서 깨지면 카펫에서 냄새 나. 엄마한테 하나만이라도 줘."

"걱정 마! 내가 이렇게 들면 된다니까"라고 건민이가 말하는 순간. 예상대로 건민이의 손에서 미끄러지면서 정확히 카펫 위에 뚝 떨어져 깨지는 계란!

'하, 내가 뭐래.'

온전하게 한 알이 완전히 깨진 카펫은 젖어버렸고, 저것이 말라가면서 비린내가 엄청 나겠지?

"너는 그렇게 엄마가…."

화 낼 기력도 없다 이 녀석들아. 그러니까 그럴 것 같아서 달라고 했더니 기어이 아니라고 하더니.

아니다. 관두자. 이미 깨진 계란. 소리 지른다고 깨진 계란이 다시 붙는 것도 아니고, 젖은 카펫이 뽀송해지지도 않을 것이다. 이미 계란 깬 놈은 놀라고 찔려서 내 눈치 보느라 정신 없는데 굳이 내 화를 풀자고 소리 지를 필요 없다.

예전 같으면 고함 소리 한번 날 것 같은 상황인데 엄마가 그냥 한숨 한번 쉬고 말없이 돌아서니 아들들은 이게 뭔 일인가 싶어 어안이 벙벙하지만, 내 눈치를 보며 조용히 방으로 들어가서 지들끼리 조용조용 논다.

카펫이야 세탁기에 넣어 돌리면 된다지만, 이 바람 불고 흐린 날씨에 무슨 수로 말린단 말인가. 집안에서 말리려면 널어놓을 곳이 있어야 하는데 그것도 마땅치가 않고, 또한 말리려면 집안이 따뜻하도록 보일러를 돌려야 하는데 제주도는 아직 도시가스가 아니고 LPG 가스다. 난방비가 적잖이 나오는 편이라 집 난방비에 신경이 많이 쓰인다.

어느 하루 조용히 지나가는 날이 없구나. 학교도 안 가고 하루 종일 붙어 있는 시간이 많기도 하고, 워낙에도 부잡스러운 아이들이기도 하지만, 하루가 멀다 하고 사고를 치니 심신이 지친다.

이 와중에 남편은 주말인데 집에 와도 반겨주는 사람도 없고 비 오고 바람 불고 컴컴하고 자기 외롭고 우울하다고 톡이 온다.

'이 사람아! 진정 미치고 팔짝 뛰겠으면서도 우울한 게 지금 바로 나라오!'

여덟째 날 여행도 하고 게임도 하고

아홉째 날

평대리를 찾아온 서울 친구들

아홉째 날

오늘은 서울서 친구들이 오기로 한 날이다. 내가 처음 서울로 올라왔을 때는 2010년 12월 중순 한겨울이었다. 몇 십 년만의 혹한이라고 부르던 매우 추운 겨울. 4살, 2살짜리 아들 둘을 데리고 이사를 하는 일은 결코 만만치 않았다.

정신없이 이사를 하고 보니 아래층에 고3이 산단다. 게다가 그 아이는 전부 독선생을 붙여 과외를 한다고 하니 층간 소음 때문에 집에 있기가 힘들었다. 한파가 몰아치는 계절에 어린 아이 둘을 데리고 놀이터로 나갈 수도 없고, 집에만 있자니 한참 개구진 4살과 2살 아들이 뛰지 말라는 말을 들을 수 있기를 하나, 왜 뛰면 안 되는 건지 이해할 수 있기를 하나.
아침에야 다들 출근 준비하느라 바쁘고, 낮에는 다들 학교로 직장으로 떠나니 문제가 없지만, 저녁을 준비하는 시간에는 나도 아이들을 통제할 수가 없는데 애들이 한번이라도 쿵 소리를 냈다 싶으면 여지없이 인터폰이 울렸다.
아는 엄마라도 있으면 남의 집에 놀러라도 가는데 이거야 원 날이 추워서 아무도 놀이터에 나오질 않으니 사람을 사귀기는커녕 지나다니는 아이 엄마 하나를 만나기가 어렵다.
서울로 이사를 와서 회사와 집이 가까워진 남편은 일찍 들어와 도와주기는커녕 이제 한잔 마실 술을 한 병을 마시고, 한 병을 마실 술을 서너 병씩 마시고 만취가 돼서 돌아왔다.

그때는 정말 추운 겨울에 신발도 없이 아무도 모르는 낯선 곳에 버려진 것 같은 쓸쓸함을 이겨내기가 힘들었다.

아마 그때 우리 아들들도 툭하면 뛰지 말라고 소리치는 엄마 때문에 많이 힘들었을 것이다.

3월이 되고 유치원 생활이 시작되면서 서서히 동네 엄마들을 사귀게 됐다. 오늘 서울에서 오는 엄마 둘은 나보다 4살 어린 희정이와 희성이다. 희정이는 건우보다 한 살 위인 12살짜리 딸(은이) 하나를 키우고 있고, 희성이는 중3짜리 아들과 8살짜리 아들(성민)을 키운다. 성민이는 건민이랑 3개월 차이밖에 나지 않지만 태어난 연도가 달라서 꼬박꼬박 형이라고 부른다.

그때 은이네 집이 1층이었다. 아래층과 층간소음으로 마음고생을 많이 하던 나와 아이들은 정말 틈만 나면 그 집에 놀러 갔다. 은이는 여자아이인데도 중성적인 성향이 강한 편이라 우리 아들들과도 잘 어울리기도 했지만, 1층이니 아이들이 뛰고 쿵쿵거리는 데 잔소리를 하지 않아도 되는 것이 정말 좋았다. 그래서 결국 2년 뒤 나는 1층으로 이사를 했고, 지금 5년째 1층에 살고 있다.

아이를 키우면서 나는 주변의 도움을 많이 받았다. 워낙에 부잡스런 녀석들이라 오밤중에라도 응급실로 달려가기가 일쑤고, 작은 녀석은 입원도 두 번이나 했다. 친정과 시댁의 부모님들은 멀리 사셨고 또 일을 하시기 때문에 도움을 요청하기가 힘들었다.

그럴 때마다 이 친구들은 언제나 항상 먼저 선뜻 내게 도움의 손길을 주었다. 알아서 아이들을 챙겨주고 집안일들을 도와주었다. 좋은 일이 있을 때나 안 좋은 일이 있을 때나 언제나 먼저 생각나고 함께 공유하고 싶은 친구들이다.

운전은 못하지만 술을 잘 먹는 희정이와 술은 못하지만 운전은 잘 하는 희성이, 그리고 둘 다 잘하는 나는 환상의 궁합이다.

12살 은이와 8살 성민이와 건브라는 나이와 성별이 제 각각인데도 성향이 비슷해서 만나면 싸우지 않고 사이좋게 잘 논다. 엄마들끼리 사이가 좋더라도 아이들이 성향이 맞지 않아서 계속 부딪치면 관계를 유지하기가 힘든데 우리는 아이들과 어른들이 모두 다 잘 맞았다.

아홉째 날 평대리를 찾아온 서울 친구들

드디어 친구들이 오고 감격의 상봉이 끝난 후 아이들은 부리나케 바다로 나갔다. 둘이 놀다 넷이 노니 더 신이 나는가 보다. 날씨도 좋아서 바다에서 몇 시간 놀기도 좋다.

그 사이 엄마들은 평대리를 한바퀴 돌았다. 나도 구석구석 돌아보기는 처음이다. 이렇게 예쁘게 생긴 집이 많은 줄은 처음 알았다. 군데군데 어쩜 그리도 예쁜 집이 많은지 우리는 감탄해 마지않으며 걸었다.

이때 희정이가 물었다.
"그런데 여기 가게들은 왜 이렇게 늦게 열고 일찍 닫아? (앞서 얘기했듯이 대부분의 집들이 11시 정도에 오픈해서 마감시간이 5시에서 6시 사이다.) 와 정말 서울에서는 상상도 못할 시간이네. 아니 그렇게 장사해서 과연 생계가 유지되는 걸까? 가게를 저렇게 예쁘게 꾸미려면 인테리어 비용에 임대비까지 만만치가 않을 텐데!"
그건 내가 처음 평대리에서 느낀 점이고 지금도 매우 궁금하지만 해답을 찾지 못한 것 중의 한가지다. 뭐 그래도 되니까 가게가 유지되는 것이겠지만.
정신없이 구경을 마치고 다시 아이들이 있는 해변가로 돌아 나오는데 희성이가 말한다.
"이렇게 지낼 수도 있는 건데. 그냥 아름다운 바다가 있고 그 바다에서 아이들이 저렇게 행복하게 즐겁게 놀면 그만인 건데, 여행을 오면 언제 여길 다시 오겠냐며 그 몇 박 며칠 동안을 정말 열심히 돌아다니잖아. 그런데 여행이 아니라 친구집에 놀러오듯이 오니까 훨씬 여유 있고 자유로운 것 같아."

그렇다. 우리의 여행은 언제나 강행군이었다. 여길 언제 다시 오겠냐며 열심히 보고 열심히 체험하고 열심히 돌아다닌다. 물론 그렇게 여행을 하고 나면 뿌듯하다. 많은 것이 기억에 남고 추억이 된다. 그런데 그렇게 여행을 하고 집에 돌아오면 피곤이 엄습해 온다. 힐링이 아니고 극기 훈련을 다녀온 기분이랄까. 뿌듯하지만 무척 피곤한 여행. 그리하여 결국엔 또다시 휴식이 필요한 여행. 그런데 이번엔 한 달을 오니 여행이 아니라 삶이다. 조금 느리게, 조금 불편하게, 조금 여유 있게.

짧은 여행은 볼 수 있는 것과 보지 못하는 것이 있지만, 확실히 살아보는 것은 여행하는 것과는 다르다.

해질녘까지 바다에서 논 아이들을 데리고 이른 저녁을 먹으러 명리동 식당으로 갔다. 역시나 걷기는 좀 멀고 차를 타고 가면 3분 거리 안쪽이다. 자투리 고기를 시키고 고기가 익어가는 동안 아이들은 마당에서 옆구르기 앞구르기 딱지치기 팽이돌리기 기타 등등 자기들의 기량(?)을 맘껏 뽐내며 신나게 놀 중이다. 합기도를 배우는 은이와 성민이, 그리고 태권도를 배우는 건브라가 세기의 대결을 벌이는 중이다. 품새를 보여주네, 구르기를 보여주네 한바탕 난리를 피우지만 암만 봐도 어설프다.

요즘 아이들은 신나게 뛰어놀 시간이 없고 공간이 없다. 건우 또래의 초등 고학년만 돼도 이리 저리 학원을 다니느라 오후 늦게나 집으로 오는 경우가 많고 그 시간이면 어둡고 위험해서 밖에서 노는 것은 꿈도 못 꾼다. 세상이 험해서 낮에도 혼자 다니는 것은 위험하고 그나마 친구 집에 가서 노는 것 정도이다.

요즘은 층간소음 때문에 집에서도 조용히 앉아서만 놀아야 하니 그래서 아이들이 더 게임에만 열중하나 싶기도 하다. 공간이 없고 시간이 없으니 아이들은 몸을 이용해 땀 흘리며 신나게 노는 법을 자꾸 잊어버리는 것 같다. 어릴 때 친구와 그렇게 노는 것이 나중에 오래오래 기억에 남을 텐데. 그것도 잠시나마 어릴 때 할 수 있는 일인 것을. (다 커서 몸으로 놀면 그건 큰 사고다.)

그래서 지금 고깃집 앞마당에서 온몸에 잔디풀을 잔뜩 묻히고 어설픈 개인기를 보여주며 신나게 몸으로 놀고 있는 저 아이들이 참 예쁘다.

어른들은 먹기도 하고 먹이기도 하고 마시기도 하며 수다꽃을 피운다. 그렇게 밤이 깊어 갔다.
　밤이 깊어 가는 것만큼 서로에 대한 이해도 깊어 가는 것일까.
　우리가 알아온 지 6년이 다 돼 가는데 오늘 서로에 대해 새로운 것을 더 많이 알게 된다. 잠을 함께 잔다는 건 그런 걸까. 몇 년을 알았다 해도 알 수 없었던 내밀하고도 은밀한 그 무엇을 알게 되는 것?

아홉째 날 평대리를 찾아온 서울 친구들

열째 날

미로공원에서
대체
무슨 일이
있었던
것일까?

열째 날

　　　　　　　　　　　엄청 놀아대느라 평소보다 늦게 주무신 아이들과 수다꽃을 피우느라 더 늦게 주무신 어른들. 그러나 배고프다고 깨워대는 통에 늦잠을 잘 수가 없다. 갑자기 대식구가 되니 아침 상 차리는 일도 매우 분주하다. 얼레벌레 아침을 먹자마자 아이들은 우르르 바다로 나가고 어른들은 청소에 빨래에 샤워에 정신이 없다. 대충 준비를 하고 나오니 바닷가에서 한바탕 한 아이들은 옷이고 신발이고 홀딱 적시고 말았다. 우리집 아이들이야 준비를 다 해왔지만 잠깐의 여행에 신발까지 적실 줄 몰랐던 엄마들의 당황스러움은 어찌할까.

　　몸까지 다 젖은 아이들이 감기에 걸릴 새라 급히 아이들을 불러 들여 점심은 해물라면을 끓여먹고 더 이상 바다에 나가 적실 옷과 신발이 없는 관계로 집 가까이에 있는 관광지를 둘러보자고 꼬셨다. 우리는 집 가까이에 있는 만장굴과 김녕미로공원을 둘러보기로 했다.

　　만장굴은 유네스코 세계문화유산답게 규모가 대단했다. 용암동굴로 그런 규모가 흔하지 않다는 말이 무슨 뜻인지 잘 알 수 있었다. 곳곳에 안내판이 잘 갖춰져 있었지만, 아이들이 잘 보지 못하는 것 같아 만장굴 관람이 끝나고 밖으로 나오면 퀴즈를 낼 건데 퀴즈를 맞추

열째 날　미로공원에서 대체 무슨 일이 있었던 것일까?

는 사람에게는 상금을 주겠다고 했더니 애들이 갑자기 눈에 불을 켜고 안내문을 읽기 시작한다.
 아, 역시 자본주의 사회에선 돈만 한 게 없다.

 내 개인적인 취향으로 보자면 용암동굴보다는 석회동굴이 훨씬 매력적이다. 5월에 느닷없이 떠났던 삼척에서 본 환선굴과 대금굴을 관람했을 때의 그 감동을 무엇으로 표현할 수 있을까.
 나는 그 때 그 대자연의 웅장함 앞에 차라리 엎드려 통곡하고 싶었다. 이 비루하고 조악한 인간의 삶을 앞두고!

 용암동굴은 그런 석회동굴이 주는 드라마틱한 감동은 없었다. 그래도 어떻게 굴이 마치 예전 기술이 덜 발달했던 시대의 터널처럼 (나는 이 동굴의 바닥을 보면서 고대 로마에서 지었다는 로마가도가 이런 형태가 아니었을까 하고 생각했다.) 생겼을 수가 있을까.
 아이들에게 퀴즈를 내기로 한 터라 나도 덩달아 안내문을 열심히 읽고 외울 수밖에 없다. 그래야 문제를 낼 수 있다. 안 돌아가는 굳은 머리로 동굴의 용어들을 외우려고 하니 역시 쉽지는 않다.

 무사히 관람을 마치고 나와서 퀴즈대결도 했다. (각각의 아이들에게 똑같은 상금이 돌아가도록 하자면 적당한 테크닉이 필요하다.)
 퀴즈를 하다 보니 아이들의 성향이 보인다. 모든 일에 시크한 은이는 제일 나이가 많으니 가장 기억력이 좋을 텐데도 한 문제도 맞히지 못했다. 동생들은 문제를 맞히려고 기를 쓰고 엄마에게까지 구원의 눈길을 보내느라 정신이 없는데 은이는 그런 모습이 전혀 없었다. 맞춰서 상금을 타도 그만, 못 맞춰서 상금을 못 타도 그만이었다. 안타까워하거나 노여워하거나 부끄러워하는 기색이 전혀 없었다.

은이 엄마인 희정이는 이렇게 말했다.

"언니! 우리 딸이 저래. 저런 애가 나도 열심히 공부해서 상 타야지, 칭찬 받아야지 뭐 이런 욕심이 있겠어? 저렇게 경쟁심이 없는데 쟤는 공부 쪽은 아닌 듯 싶어."

자존심 강한 건우는 답을 기억해 내려고 애를 쓰면서도 힌트를 주려고 하면 싫어했다. 건우에게는 누군가의 도움 없이 오롯이 혼자 알아내는 것이 진짜인 거다.

경쟁심이 강한 건민이는 남들보다 더 많이 맞추려고 손을 들고 아무거나 생각나는 대로 정답이라고 외치고, 제일 나이 어린 성민이는 기억력의 한계 때문인지 엄마 찬스를 써서 엄마인 희성이가 답을 맞혔다.

아이들은 이렇게 제각각인 건데, 우리는 아이들에게 그저 평범하게만 자라라고 가르치는 건 아닐까.

상쾌한 기분으로 나오다 보니 근처에 바로 김녕미로공원이 있었다. '알쓸신잡'에 나왔던 미로랜드는 아니지만 그 프로그램 덕분에 미로에 관심을 가지게 된 아이들의 적극적인 호응으로 미로공원에 갔다. 입장료가 비싸지 않아서 많은 인원이 들어가는데도 부담이 되지 않았다.

공원은 참 예쁘게 잘 꾸며져 있었다. 아기자기한 맛이 있다고 해야 할까? 여기저기 고양이가 자유로이 출몰하니 혹시 고양이를 무서워하시는 분들은 참고하시라.

열째 날 미로공원에서 대체 무슨 일이 있었던 것일까?

조경도 예쁘고 아기자기하게 달아놓은 전등도 매우 예뻤다. 미로 찾기를 시작하면서 아이들은 먼저 종을 치겠다고 서로 무리를 지어 달려 나가고 어른들은 어른들대로 천천히 나무 향을 음미하면서 걸어 나갔다.

나는 사실 미로를 별로 좋아하지 않는다. 좁은 공간에 갇히는 것이 두려운 폐소공포증이 있는 것은 아니지만, 내가 통제할 수 없는 상황이 되면 극도의 불안과 공포가 찾아온다. 알 수 없는 곳에서 길을 잃으면 누군가 나를 찾으러 와줄 때까지 내가 아무 것도 할 수 없는 상태에 놓이는 것이 두렵다. 어릴 때부터 융통성 부분에서는 긍정적으로 평가할 어떤 요소도 없이 자라온 나는 계획이 없는 현실 또는 계획되지 않은 어떤 일이 벌어지는 상황에 극도의 스트레스를 받곤 했다. 그래서 나는 미로가 싫다.

TV에서 분명 미로에서 길을 빨리 찾고 싶을 땐 무조건 오른쪽으로 돌라는 오른손의 법칙을 가르쳐 주었고, 우리는 배운 대로 따라했으나 결국 길을 찾지 못했다. 그래도 몇 번을 헤맨 끝에 종을 치기는 쳤다. 그 사이 은이, 건민이, 성민이 팀이 먼저 종을 쳤고, 혼자 마이웨이를 가던 건우는 보이지 않았다.

날이 어둡기도 하고 배도 고프기도 하여 집으로 돌아가기로 하고 건우를 찾으니 아들은 벌써 미로공원 밖을 빠져나가 차 앞에 있다고 한다.

우리는 차를 타고 월정리에 있는 적당한 밥집을 찾아 들어갔다.

역시 비싸다. 제주도의 물가가 비싸다는 것은 공산품이 비싸다는 게 아니다. 어딜 가나 관광지이다 보니 밥값이 비쌌다. 적당한 음식들을 시키는 데 건우가 밥을 먹지 않겠다고 한다.

아, 그러고 보니 아까 미로랜드에서부터 혼자 밖에 나가 있고 뭔가 심상치가 않았는데, 친구들과 눈도 마주치지 않고 텔레비전에 눈을 고정한 채 꿈쩍도 하지 않는다. 다들 눈으로 나한테 건우가 왜 그러냐고 묻는데 난들 그 이유를 알까.

밥을 시키고 저마다 다들 건우의 눈치를 살핀다. 불편해진 나는 건우에게 지금 밥 먹고 다 같이 집에 들어가면 애들은 놀면서 과자 먹는다고 할 텐데 지금 밥 안 먹으면 과자를 못 먹는다. 그러니 밥은 꼭 먹어야 한다고 했다. 그랬더니 억지로 밥숟갈을 드는데 무엇이 그렇게 억울하고 화가 나는지 밥숟가락 든 손을 꽉 쥐고 부들부들 떤다. 도

열째 날 미로공원에서 대체 무슨 일이 있었던 것일까?

대체 무엇 때문에 저렇게까지 화가 난단 말인가.

 더 이상 보고 있기 힘들어진 나는 건우더러 밖으로 나오라고 했다. 그런데 건우는 안 나오겠다며 식당에서 버티고 앉아 있다.
 "뭐? 싫어? 안 나와?"
 갑자기 내 언성도 높아진다. 이제 겨우 초등학교 4학년 아들이 나와서 엄마와 얘기 좀 하자는 데 싫다고 한다. 아 정말 성질난다. 내 입에서 나가는 말이 곱지 않다. 엄마한테 억지로 끌려 나오기 전에 나오라고 하니 어쩔 수 없이 나온다.
 왜 그러냐, 뭣 땜에, 누구 땜에 그렇게 화가 났냐고 하니 말하기 싫다고 한다. 그래? 무엇 때문에 화가 난 건지, 누구 때문에 화가 난 건지 알아야 풀어줄 거 아니냐고 해도 절대로 말하지 않겠다고 한다. 그래 좋다. 말하기 싫은 것도 네 기분이니까. 그런데 네가 왜 그런지를 정확하게 말하고 풀지 않을 거라면 화난 네 기분도 티내지 마라. 지금 네가 그러고 있으니 다른 사람들이 모두 불편해 하고 네 눈치를 보지 않느냐. 네가 문제를 해결하려고 하면 엄마가 도와줄 수 있지만 그러려고 하지도 않으면서 여러 사람 불편하게 하는 것은 좋은 방법은 아닌 것 같다는 말을 하고 들어왔다.

 정말 이럴 땐 어떻게 해야 할지를 모르겠다. 숟가락을 쥔 손까지 바들바들 떨 정도의 억울함과 분노가 대체 어디서 왔단 말인가. 누군가와 부딪친 부분이 있었다면 다른 아이들한테서 반응이 왔을 터인데 아무도 이유를 아는 아이가 없다.

곰곰이 되짚어 보니 아이는 미로공원을 들어갈 때까지만 해도 기분이 좋았고, 그 안에서 무슨 일이 있었던 것이 분명하다. 미로공원에서는 은이, 성민이, 건민이 셋이 한 팀이었고 건우는 혼자 팀을 이루었다. 그러니까 미로공원에서 서로 말을 섞고 부딪칠 시간이 없었단 얘긴데.

아, 그거다. 미로에서 길을 잘 모를 땐 오른쪽으로 가면 된다는 걸 건우는 6살 때부터 알고 있었다고 했다. 그래서 아까 미로에서 자기를 뺀 나머지 세 명이 한 팀을 먹고 자기 혼자 한 팀이 됐어도 자기는 자기가 먼저 종을 칠 것이라는 걸 믿어 의심치 않았을 것이다.

그런데 그 세 명이 먼저 종을 울렸다. 아이는 이것을 받아들이기

열째 날 미로공원에서 대체 무슨 일이 있었던 것일까?

힘들었던 것이다. 이걸 남에게 말하자니 자존심이 상하고, 그냥 쿨하게 넘어가고 싶지만 감정이 그리되지 않는 것이다.

예전부터 건우는 그런 기질이 강했다. 자기가 남들보다 잘한다고 생각하는 것은 남들에게 지는 것을 몹시 힘들어했다. 바둑을 자기보다 잘 두는 아이를 만나면 바둑판을 뒤엎고 소리지르며 울었고, 장기판을 뒤엎기도 일쑤였으며 심지어는 윷놀이를 하다가도 둘러엎었다. 아무리 말로 얘기를 하거나 타일러도 패배를 인정하기 어려워했고 자기가 남들보다 못한다고 생각하는 분야는 아예 손을 대지 않았.
건우는 유치원 때부터 초등학교 3학년까지 미술시간에 빈 도화지 앞에 묵묵히 몇 시간씩 앉아 있기도 했고, 선생님이 조금 강하게 말씀하시는 경우엔 말없이 눈물만 뚝뚝 흘리는 일도 많았다.
3학년부터는 영어시간에도 아무 말 없이 울기만 하는 날이 대부분인 그런 아이였다. 미술 시간에 우는 것은 무엇을 그릴지, 어떻게 그려야 할지 너무 막막해서 못하고 있을 때 선생님이 자꾸 시간 없다고 재촉을 하시면 그게 자꾸 부담이 돼서 눈물이 난다고 했고, 영어 시간에는 잘 모르는데 선생님이 뭘 물어보시거나 하면 당황해서 눈물이 난다고 했다.
나는 그러면 미술 학원에 가서 그림 그리는 기술이라도 배우고, 영어 학원에 가서 영어를 배우면 적어도 수업 시간에 우는 일은 없지 않겠냐고 했지만, 건우는 어느 학원도 다니고 싶지 않다고 단호히 거부했다. 학원 문턱에는 가 본 적도 없는 아이가 학원은 무조건 싫다고 하는 이유를 알 수도 없지만, 싫다고 하는 아이를 억지로 학원에 보낼 수도 없는 노릇이었다.

그렇게 수업 시간에 우는 거 너무 힘들지 않냐고 하며, 그냥 학원에 가라고 해도 차라리 우는 게 낫지 학원은 가고 싶지 않다고 했다. 말하자면 학원에 다니면서 기술을 익혀 조금이라도 덜 힘든 것보단 그냥 되는대로 수업시간에 울면서 버티는 것을 선택한 셈이다.

학교 방과 후 시간에 건우는 바둑과 로봇 창의를 배운 적이 있다. 워낙에 앉아서 꼼꼼하게 만들고 자르고 붙이고 하는 걸 좋아하는 녀석이라 바둑이나 로봇도 적성에 맞을 것이라 예상했는데, 예상대로 건우는 그 수업을 무척 좋아했다. 그러다 어려운 단계가 나오면 건우는 거기서 더 이상 도전하기를 꺼려 했다. 자기가 가늠해 보았을 때 어느 정도의 노력으로 극복할 수 있는 단계가 아니라고 판단되면 미련 없이 그만두었다. 가르치는 선생님들도 무척 아쉬워하셨지만 건우는 일말의 아쉬움도 없이 할 만큼 했다면서 정말 종이 접기를 하듯 자신의 마음을 접었다.

자신의 한계를 극복하는 것은 누구에게나 힘든 일이다. 그래서 극복하려는 그 의지 자체를 우리는 높이 평가하는 것이다. 패배 또한 누구에게나 쓴 것이고 경험하고 싶지 않은 것이다. 그래도 살다 보면 패배하는 날도 있고 승리하는 날도 있기 마련이다. 그런데 건우는 그것을 그렇게 받아들이기 힘든 것인가.
작년 담임선생님께서는 혹시나 엄마가 완벽주의자라서 아이를 엄하게 훈육하나 싶어 내가 보고 싶으셨다며 상담 요청을 해왔다.
상담을 마친 후에 선생님은 "엄마가 어떻게 해서라기보다 건우의 기질이 그런 것 같네요"라고 하셨다.

열째 날 미로공원에서 대체 무슨 일이 있었던 것일까?

건민이가 마지막 날이라며 아까 퀴즈를 맞히고 난 상금으로 형 누나 동생에게 젤리뽀 하나씩 사서 나눠 주니 그때서야 마음이 풀린 큰아들이 주절주절 떠들어댄다.

희성이가 나에게 말한다.

"암튼 크게 될 놈이야, 언니. 잘 키워 봐."

"야, 크게 되는 건 바라지도 않는다. 평범하게 크는 게 그리 어렵나? 저러다 성질만 더러운 평범한 놈이 될까 그게 더 걱정이다 야."

말은 그렇게 했지만 나는 건우가 평범한 아이가 아니라는 걸 잘 알고 있다. 독립적이고 창의적이며 자의식과 자존심이 강한 아이다. 엄마가 그런 기질이 아니라 아직 잘 받아주지는 못하지만 자식은 부모가 믿는 만큼 자란다지 않는가.

내가 조금 더 세련된 엄마가 된다면 아이는 잘 자라 줄 것이다!

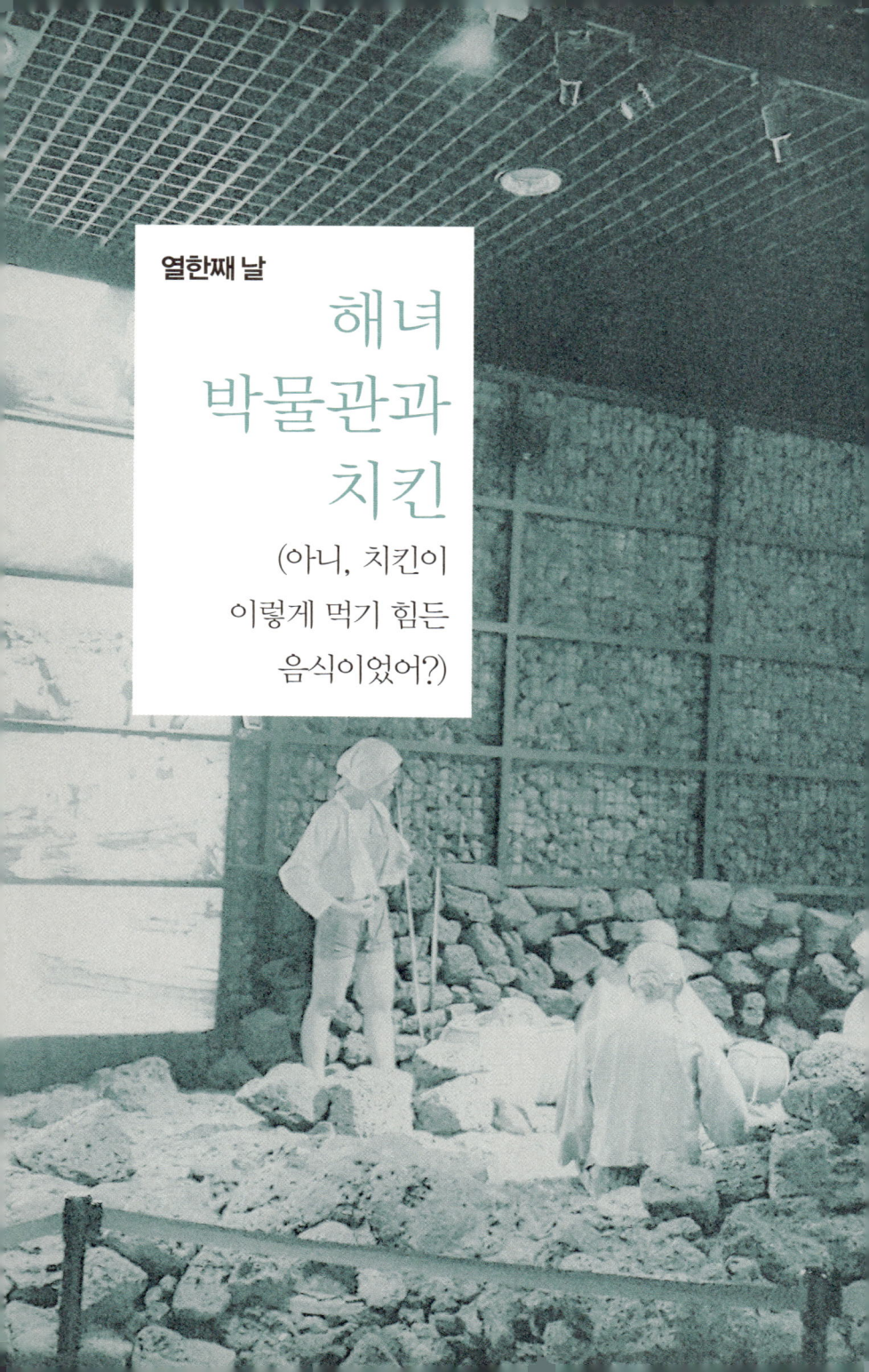

열한째 날

해녀 박물관과 치킨

(아니, 치킨이 이렇게 먹기 힘든 음식이었어?)

열한째 날

　　　　　　　　　　친구들이 서울로 돌아갔다. 아이들은 그동안 밀린 숙제를 하고, 나는 청소와 빨래를 하며 좀 쉬었다. 사람들로 북적거리다 갑자기 조용해지니 심심한지 건민이가 "오늘은 어디 좀 갈까?" 하길래 우리 집에서 제일 가까운 거리에 있는 해녀박물관에 가기로 했다.

　해녀박물관은 딱 보기에도 위치가 참 좋았다. 굳이 박물관을 관람하지 않고 그 중앙 로비에 앉아 있기만 해도 가슴이 탁 트일 만치 전망이 참 좋았다. 나는 해녀에 대해 많은 것을 알지는 못했다. 그저 제주도는 여자가 많고 돌이 많고 바람이 많은 곳이라는 것, 여자가 생계를 책임지는 구조였기 때문에 남자들은 속칭 한량(?)들이 많았다는 것 정도?

　해녀박물관을 돌아보는 동안 마음이 좀 많이 아팠다. 가사, 육아, 생계까지 자신의 한 몸에 너무나 많은 짐을 지고 바다로 나가는 그 마음은 어떤 것이었을까.
　귤 농사가 정착되기 전까지 제주의 주된 경제 기반이 해녀들의 물질로 이루어진 해산물이었다고 하니 그 기간이 짧지 않았음을 알 수 있다. 출산하는 날까지 물질하러 나갔다는 할머니 해녀의 말은 정말 가슴을 아프게 했다.

그곳에서 새롭게 알게 된 '숨비소리'의 의미. 예전에 해녀들이 바다에서 물질하다 가끔씩 물 밖으로 고개를 내밀고 휘파람 같은 소리를 낸다는 것은 알고 있었다. 그리고 나는 그것을 심마니들이 삼을 캐고 난 후 동료 심마니들에게 자신이 삼을 발견했음을 알리기 위해 '심봤다'를 외치는 것과 같은 맥락으로 이해를 했었다. 그러니까 그것은 내가 전복이나 뭔가 대단한 것을 발견했다는 신호, 즉 환희의 소리로 이해했단 얘기다.

그러나 그것은 그런 환희의 소리가 아니었다. 물속 깊이 들어가 물질을 하며 참다 참다 더 이상 견디기 힘들어지면 물 밖으로 잠깐 나와 순식간에 숨을 뱉어내고 다시 숨을 들이키느라 한꺼번에 내뱉어진 숨이 내는 고통의 소리였다. 숨비소리는 숨이 차오르도록 많은 것을 참고 견뎌야 했던 해녀들의 애환이 담긴 숨소리였던 것이다.

해녀박물관을 돌고 어린이 해녀체험관으로 들어서니 그곳은 어린이들의 실내놀이터 형식으로 꾸며져 있다. 역시 제주도라 실내놀이터도 바다가 훤히 내다보이는 통유리로 돼 있어 무척이나 경관이 좋다. 이렇게 사시사철 드넓은 바다를 옆에 두고 바라보며 크는 마음도 그 바다를 닮아 넓어지겠구나.

오랜만에 실내놀이터를 온 아들들은 옆에서 보기 민망할 정도로 뛰어다니고 소리를 질러 아휴 내가 진짜 남부끄러워서 몸 둘 바를 모르겠다.

열한째 날 해녀박물관과 치킨

신나게 놀고 배고프다고 하여 세화리 근처에서 저녁을 해결하기로 하고 박물관을 나섰다. 안에서 놀 때는 몰랐는데 바람도 많이 불고 한바탕 땀까지 흘린 아들들은 춥다고 난리다. 무엇을 먹을까 고민하는데 아이들이 제주도에 와서 치킨을 한 번도 못 먹었다며 오늘은 치킨을 먹자고 한다. 그래, 엄마도 오늘은 치맥 한잔 해야겠다. 인터넷 검색을 해보니 근처에 치맥 맛집이 뜨길래 그럼 우선 세화까지 걸어가고 거기서 저녁을 먹고 난 다음에 버스를 타고 집에 가기로 하고 출발.

생각보다 걷는 시간이 꽤 걸렸다. 그러나 20여 분을 걸어서 도착한 맛집은 문을 열지 않았다. 헐, 언제가 쉬는 날이라는 표시는 없는데 분명 아침 9시부터 새벽 1시까지 영업시간이라고 써 있건만 굳게 닫힌 문은 열릴 줄을 몰랐다.

당황스러웠던 우리는 이제 어쩌지 하다가 아들들이 꼭 맛집이 아니어도 근처에 다른 치킨집이 있을 테니 그냥 처음 보이는 집으로 들어가자고 한다. 어차피 치킨은 웬만하면 맛이 있으니 그래 좋다. 배도 많이 고프고 다리도 많이 아프지만 뭐 치킨집 찾는 일이 그리 어려우려고.

아~ 그러나… 또다시 30여 분을 찾아 헤맨 치킨집 4곳은 모두 문을 닫았다.

뭐야. 제주도는 치킨집도 모두 같은 요일 날 쉬는 거야? 화요일에 치킨 먹고 싶은 사람은 치킨을 못 먹는 건가.

서울에서는 우리나라 사람들이 이렇게 치킨을 좋아하나 싶을 만치 두세 집 걸러 하나씩은 있는 게 치킨 집이요, 전화 한 통이면 20~30분 안에 배달되는 것이 치킨이거늘 어찌하여 여기서는 이렇게 먹기가 힘든 것인가.

연속되는 희망과 절망 사이에 진은 빠지고 그냥 아무데나 들어가서 먹자고 하고 싶은데, 오기가 난 아들들은 이렇게 된 이상 오늘 안에 반드시 치킨을 먹고야 말겠다고 벼른다.

아니 뭘 또 이런 사소한 것에 오기를 부리는 것인가. 이런 건 그냥 쉽게 포기해도 되는 거 아니니? 엄만 지금 이 상태로는 치킨이 아니라 생닭을 먹으래도 맛있게 먹을 판이구만.

건민이가 "엄마, 엄마가 늘 말했잖아. 노력은 배신하지 않는다! 우리가 이렇게 노력하는 이상 치킨집이 안 나올 리가 없어!"

주문인지 다짐인지 알 수 없는 말을 하고 씩씩하게 걸어간다. 아,

열한째 날 해녀박물관과 치킨

그게 그런 노력을 말하는 건 아닐 텐데.

 드디어 마지막 한 집에 도착했다. 만약 이 집까지 문을 닫았다면 나는 오늘 밤 어디선가 닭을 잡아와야 할지도 모른다.
 아! 지성이면 감천. 다행히도 열었다. 이 집은 어제가 쉬는 날이었단다.
 아이들이 좋아하는 순살로 후라이드와 양념 반반을 시키고 "맥주도 주세요!" 라고 호기롭게 외치는 순간.
 "지금 가스가 떨어져서 생맥이 안 돼요"라고 말씀하시는 사장님.
 아, 치맥이 이리도 귀한 음식이었단 말인가.
 가스는 내일이나 온다고 하고, 그래서 오늘은 절대로 생맥을 마실 수 없다는 슬픈 소식. 아, 정말 슬프다.

    배가 몹시도 고팠던 아이들은 닭 한 마리를 정말 눈 깜짝할 사이에 먹어치웠다. 배가 고팠던 것도 있지만 치킨이 정말 맛이 있었다. 사실 치킨이야 언제나 진리다. 오죽하면 치느님이라는 말이 있을까. 생맥이 없어 어쩔 수 없이 한라산을 시킨 내가 몇 잔 먹지도 않았는데 이미 치킨은 사라져 버렸다. 결국 한 마리를 더 시켜서 먹을 만큼 먹고 남은 것은 싸 가지고 나왔다.

    집으로 돌아오는 버스를 탔다. (치킨 냄새 때문에 사실 버스 안 승객분들에게는 조금 미안했다.) 이번에는 운 좋게 버스 시간을 잘 맞춰서 10분 정도만 기다리고 버스를 탈 수 있었다. 안 그랬으면 우리 씩씩한 아들들은 20분 동안 버스를 기다리느니 30분을 걸어서 집에 가는 게 낫겠다며 또 걷겠다고 했을 것이다.

    집에 와서 생각해 보니 암만 생각해도 우습다. 치킨 하나 먹겠다고 세화리 온 닭집을 뒤지고 다니는 세 모자라니. 그래도 끝까지 찾아낸 건 브라가 참 대단하다고 느껴진다. 공부에 대한 집념이 그만큼 크다면 정말 좋을 텐데….

열두째 날

트럭
짐칸을
타고
귤을
따러 가다

열두째 날

　　　　　　　　　　　오전에 각자 할 일들을 마무리하고 외출 준비를 하는 중에 서울 사는 친구 진숙이의 전화를 받았다.
　제주 생활은 할 만하냐, 그럭저럭 지내고 있다는 안부 인사가 오고 가는 중에 애들 데리고 감귤 체험 같은 것도 갈 거냐고 묻길래 "그럼, 우리 아들들 그런 거 엄청 좋아해. 근데 체험은 시간이 너무 짧아서 그게 좀 그래. 웬만한 장소도 우리 집에서 먼 데 한 시간도 안 돼서 한 바구니를 금방 따버리니까 시간이 아까워서 차일피일 미루게 되네." 했더니 친구가 잘 됐다며 자기 신랑이 제주도에 아는 농장이 있어서 바람도 쐬고 일도 좀 하고 싶어 오늘 아침 제주도에 도착해 있단다. 근데 마침 오늘 오후에 귤을 따기로 했다며 주소를 보내 줄 테니 얼른 전화하고 가보라고 한다.
　앗싸! 이게 웬 떡이냐. 오늘 귤 따러 가자고 하니 아들들은 완전 신이 났다. 주소를 보니 오호~ 우리랑 같은 구좌읍이다.

　부랴부랴 준비하고 가보니 엄청 큰 농장이었다. 70만평 농사를 지으신다는 데 귤은 그냥 조그맣게 하는 거고, 검은콩, 더덕, 당근, 비트 등등 암튼 종류가 엄청 많았다. 보통은 그날그날 주문량에 따라 조금씩 수확을 하신다고 한다. 오후에 귤 주문은 별로 없으니 오늘은 그냥 맛보기로 귤만 조금 따고 내일은 와서 당근을 좀 뽑으라

열두째 날　트럭 짐칸을 타고 귤을 따러 가다

고 하신다.

　귤은 무농약으로 자란 귤이라 너무 못생겨서 깜짝 놀랐다. 서울에서는 맨들맨들한 귤만 본 터라 거칠고 딱딱하고 못생긴 귤이 자못 당황스러웠다. 아직 덜 익었을 때 따서 택배로 가는 동안 숙성되는 것인지 막 딴 귤은 달기보단 시었다. 두어 시간 귤을 따고 작업장으로 돌아와서 크기에 따라 선별하고 나누어 담는 것까지가 오늘의 일이다.
　귤을 딴 상자를 담은 트럭 뒤에 타고 다시 농장으로 돌아오는데 트럭을 처음 타 보는 아들들은 (그것도 짐칸에) 완전 신이 나서 소리를 꽥꽥 지른다. 나도 어릴 때 아빠가 주류도매업을 잠깐 하신 적이 있어서 빈 술병 상자가 가득 쌓여 있는 트럭 짐칸에 타 본 적이 있다. 그게 왜 그렇게 재미가 있었던지!

　얼마 하지도 않았는데 애썼다며 친구 신랑이 귤 한 상자를 사주었다. 아니라고, 이렇게 재밌게 체험하게 해 주신 것도 고마운데 괜찮다고 하니 "원래 진숙이가 제주도 내려올 때 쌀 보내준다고 했는데 못 보내줬담서요. 오늘 꼭 귤 한 상자 사서 들려 보내라고 했어요. 안 그러면 나 나중에 엄청 잔소리 듣고 결국 더 비싼 거 사야 된단 말이예요. 그러니까 그냥 귤 한상자로 퉁쳐요."
　이러시니 다른 말을 할 수가 없었다.

　집으로 돌아와서 잠시 쉬었다가 아이들에게 평대리 예쁜 가게들을 보여주기로 했다. 아이들은 그동안 오자마자 바닷가로 뛰쳐나가 놀기 바빠서 찬찬히 동네 구경을 할 기회가 없었다. 오늘은 낮에 일도 했고 바다에 나가 놀기엔 바람도 있는 편이라 함께 천천히 동네 한 바퀴 돌고 마음에 드는 메뉴가 있는 가게에서 저녁을 먹기로 했다.

　아, 그러나 아직 6시가 되기 전인데, 아니 5시가 조금 넘었을 뿐인데 가게들이 문을 닫기 시작한다. 난 도대체 언제쯤 제주의 시간에 적응할 수 있을 것인가.
　작고 아기자기한 예쁜 상점들과, 불빛이 반짝이고 통유리로 바다를 내다보는 즐거움을 느낄 수 있는 작은 카페들과, 날씨가 좋은 날은 마당에 놓인 소파에서 음료 한잔 마시며 눕다시피하면서 여유를 즐길 수 있는 큰 카페까지. 그 다양한 모습을 보여주고 싶었는데….
　뭐 하긴 겨울이라 해가 짧아 금방 어두워지니 깜깜해서 보이는 게 없긴 하지만, 아무리 그렇기로서니 어떻게 7시도 되기 전에 모든 가게들이 문을 닫아버린단 말인가. 이젠 구경이고 뭐고 배가 고파진 아들들은 "아니 대체 뭘 구경하자는 건데 엄마!"라며 핀잔을 준다.

"아, 미안 미안. 아니 웬 가게들이 이렇게 문을 일찍 닫냐? 그냥 빨리 집에 가서 밥해 먹어야지 뭐. 사먹을 곳이 없다 야."

사실 우리 집 건브라는 정말 많이 먹는다. 그런데도 그 먹은 것이 다 어디로 가나 싶게 많이 마르고 키가 작다. 저렇게 먹으면 키가 크든지 힘이 세든지 체력이 좋든지 하다못해 뚱뚱하기라도 해야 할 텐데. 키도 작고 힘도 약하고 체력은 더욱 약하며 비쩍 말랐다. 식당에서 밥을 먹으면 아이들이 하도 마른데다 식사 값이 많이 나오니 계산

할 때마다 내 얼굴이 뜨겁다. 꼭 계산원이 '헐, 이 많은 걸 아주머니 혼자 다 드신 거예요?' 하고 쳐다보는 것 같아서.

그래도 안 먹고 아픈 것보다 살 안 찌고 안 커도 씩씩하게 잘 자라주는 것만으로도 감사할 일이다.

집에 와서 부랴부랴 밥을 해먹고 오늘 귤 따 보니 어떠냐고 했더니 일을 너무 조금 해서 그저 그랬다고 한다. 사실 건브라는 농사일을 제법 하는 편이다. 그동안 체험삼아 딸기 따기, 감자 캐기, 고구마 캐기, 갯벌체험 등등 많이 데리고 다녔었는데, 그때마다 특히 건우는 발군의 실력을 보여주곤 했다. 누구의 간섭도 받지 않고 오롯이 저 혼자 땅을 파고 열매를 캐고 하는 일에 집중하는 것이 좋은가 보다.

그래 좋다. 내일은 당근 캔다고 아침부터 일찍 나오라고 하셨으니 우리 아들들 어디 제대로 된 실력 한번 보여 줘야지?

열두째 날 트럭 짐칸을 타고 귤을 따러 가다

열셋째 날

당근 당근 당근 뽑기

열셋째 날

9시 10분쯤에 농장에 도착하니 아침에 더덕 선별 작업을 마치셨다고 한다. 농장에는 다섯 마리 정도의 개가 있었는데 사람을 잘 따랐다. 그 중에 좀 큰 개 3마리는 농장 근처 야산에 사는 노루를 잡아먹는다고 한다.

"예~에? 개가 노루를 잡아먹는다구요? 세상에 아니 늑대도 아니고 무슨 개가 노루를 잡아먹어요?"

"개가 원래 늑대과예요. 여긴 야산이 좀 있어서 야생 노루가 돌아다니는데 세녀석이 한 조를 이뤄서 아주 조직적으로 사냥을 하죠. 자기들 몸보다 큰 노루를 잡아서 먹는다니까요. 그러구선 세 놈이 얼굴이며 온몸에 피칠갑을 해서 들어오면 우리도 깜짝깜짝 놀라요."

아~ 귀엽다고 막 쓰다듬으며 놀았는데, 갑자기 개들 옆으로 가기가 싫어진다.

농장 근처에 있는 당근 밭으로 갔더니 그 규모가 정말 컸다. 국민학교 시절엔 부모님이 맞벌이를 하셔서 방학이면 엄마가 시골에 있는 큰집에 나를 보냈었다. 그때는 큰집이 벼농사와 더불어 고추농사를 지으셨고, 작은 할아버지네 집은 담배농사를 지으셨을 땐데 한창 바쁜 농번기에는 작은 고사리손이라도 도움이 필요할 때라 나는 곧잘 밭에 나가 일을 했었다. 인천에서 방학이라 놀러 온 조카딸에게 일을 시키는 게 미안하셨던지 큰아버지는 노상 "야, 도시에 사는 애들이 이런 경험을 어디서 해보겠니? 힘들다 생각하지 말고 좋은 거 배운다고 생각해라"라고 말씀하셨다.

그때도 차라리 그만 두고 나가 놀라 하지 않고 일을 계속 시키셨던 걸 보면 내가 일을 그리 못하지는 않았던 듯하다. 그게 정말 경험이 된 것인지 대학시절 농활을 가면 나는 일을 잘한다고 어딜 가나 1등으로 뽑혀가는 일꾼으로 인기가 좋았다. 담뱃잎 따기, 고추 따기, 콩밭 매기, 포도송이 싸기, 기타 등등.

그래서 농사일에는 어느 정도 자신이 있다고 확신했다. 아, 그런데 그것도 전부 지난 옛일. 당근 뽑기는 생각보다 어려웠다.

사장님은 시범을 보이며 "그러니까 이렇게 머리를 잡고 양쪽으로 슬슬 흔들다가 쑥 뽑으면 됩니다."

옳거니,… 이렇게 흔들다가 쑥! 아뿔사~ 당근은 땅에 박혀 있고 머리채만 뽑혀버린다. 아니지 이번엔 제대로 이렇게 흔들다가 흠… 양쪽 흙을 파서 조금 더 흔들다가 당근 몸까지 쑥! 아…. 이번엔 튼튼한 당근이 뚝 부러져 버린다. 아, 당황스럽다. 아니 이게 무슨 조화인가. 머리채가 뽑히질 않나, 몸뚱이가 두 동강이 나질 않나, 제대로 뽑히는 당근이 하나 없다.

이거야 원 일 잘한다고 큰소리 뻥뻥 친 체면이 말이 아니다. 그사이 아들들은 어느 정도 기술을 익혔는지 그럭저럭 잘 뽑아나갔다. 역시 김건우의 손은 금손이다. 일하는 데는 별로 재미를 붙이지 못하는 건민이는 금세 질려버렸는지 당근을 뽑기보다 뽑아놓은 당근을 가지고 장난치기 일쑤다. 이거야 원 체험 겸 일도 도와주겠다고 와서는 남의 일년 농사 다 망치게 생겼다.

우리는 두어 시간 정도 당근을 뽑고 농장으로 돌아와서 당근 선별 작업을 했다. 당근은 두 종류(특상과 주스용)로 나누어 담았다.

"에? 두 종류? 사장님 두 종류면 선별하기가 좀 애매한데요?"

"그냥 멀쩡하게 잘 생긴 거, 큰 거는 특상이고, 커도 못생겼거나 작은 거는 그냥 주스용이예요. 주스용으로 열었는데 큰 게 들어있으면 기분 좋잖아요. 구분하는 단계가 너무 복잡하면 가격 정하기도 어렵고, 과정이 복잡해지니까 되도록이면 단순화하는 게 좋아요."

그렇다. 때로 삶은 너무 복잡하다. 그저 단순하고 경쾌하게 살면 좋으련만 항상 너무나 많은 단계, 너무나 많은 과정을 우리 스스로 만들어가며 복잡하게 살고 있는 건 아닐까?

당근 포장까지 마치고 사장님은 택배를 부치러 나가시며, 기다렸다가 함께 식사하기엔 시간이 늦을 것 같으니 먼저 식사를 하라고 하신다.

차를 타고 나가서 농장에서 아예 밥을 대놓고 먹는 식당에 가서 식사를 했다. 대부분 다 일하시는 분들이 오셔서 식사를 하는 곳이어서 그런지 가격이 아주 저렴하면서도 밥이며 국이며 반찬이며 전부 푸짐했다. 아이들도 요즘 제주도 식당에서 밥 먹기에 계속 실패를 한지라 신나게 밥을 먹었다. 역시 노동 후에 먹는 밥이 최고다.

오후에는 콩 고르기를 했다. 서리태 농사도 지으시는데 수확한 콩을 기계로 껍질을 간 후에 콩의 상태를 봐서 벌레 먹었거나 완전히 찌

그러져서 형태가 온전치 않은 것들을 선별하는 작업을 했다. 어려운 일은 아니지만 좁은 작업대에 앉아서 선별판 위를 굴러다니는 콩을 보고 있자니 속이 다 울렁거리는 듯하다. 이미 작업을 마친 콩이 4자루 있었는데 그 작업을 하는 데 꼬박 5일이 걸렸다고 한다.

하긴 틈틈이 당근도 캐야지, 귤 따야지, 더덕도 캐야지 어디 농장에 할 일이 한두 가지인가. 아직도 작업을 기다리는 콩이 족히 20포대는 돼 보였다.

택배를 보내고 오신 사장님이 애들 힘든데 이제 그만하고 나가서

아이들이랑 관광을 하든지 쉬든지 하라고 하신다. 안 그래도 아까부터 일하기 싫어 여기저기 돌아다니며 쓸데없이 참견을 하는 아이들이 신경 쓰이던 참이었다.

사장님이 고생했다면서 5킬로 상자에 방금 수확한 당근과 아침에 선별한 더덕 중에 상품성이 조금 떨어지는 것을 섞어서 담아 주신다. 체험비를 내도 모자랄 판에 밥까지 얻어먹고 물건까지 받으니 황송하다. 가기 전에 또 오고 싶으면 한번 들르라는 인사말을 듣고 집으로 돌아왔다.

돌아오는 길에 오늘이 세화 5일장이라는 것이 생각나서 가는 길에 장터에 들르자고 했다. 장에 도착한 시간이 오후 3시쯤인데 중간 중간 상점들이 많이 비어 있다.

'흠, 평일이니 사람들이 장을 보려면 저녁이 돼야 장이 제대로 서겠구나'라고 제멋대로 생각해 버린 나는 아이들에게 "이제 막 시작했으니까, 우리 우선 집에 가서 깨끗이 씻고 저녁은 여기 와서 이것저것 사 먹자. 엄마도 파전에 막걸리 한 병 먹어야겠다. 그때는 버스 타고 와서 버스 타고 가자." 하며 집으로 돌아왔다.

당근 밭에서 뒹군 탓에 머리며 손가락이며 손톱 속에도 흙들이 아주 엄청나다. 은근히 춥고 바람 많이 부는 날에 일한다고 밭에 오래 나가 있어서 그런지 뜨거운 물로 깨끗이 씻고 나니 몸이 노곤노곤하다. 그래도 장터에서 재미나게 구경도 하고 맛난 것도 먹을 생각에 신이 나서 옷을 싸악 갈아입고 상쾌한 마음으로 버스를 타고 세화리로 나갔다.

열셋째 날 당근 당근 당근 뽑기

그런데 이게 무슨 일인가. 지금쯤 시끌벅적해야 할 장터가 쥐죽은 듯 조용하다. 엥? 대체 이게 무슨 조화 속이지? 분명 아까 장이 시작되고 있었는데 인제 5시가 조금 넘었는데 두어 시간 만에 장이 끝났단 말인가? 이게 말이 되나? 기가 막혀 멍하니 서 있는 내 옆에 이미 울 지경이 된 아들 둘이 서 있다. 텅 빈 장터에서 마지막 정리를 하시는 할머니 두 분이 계시길래 "도대체 장이 몇 시에 서는 거예요?"라고 물었다.

"몇 시가 어딨어? 그냥 되는대로 나왔다가 할 만큼 하고 가는 거지."

"아니 제가 아까 3시에 왔을 때는 다 안 열었거든요."

"뭐? 아~ 안 연 게 아니고 그때부터 치우고 집에 가는 거야. 나 오늘 새벽 3시에 여기 도착했는데 무슨 소리야?"

아! 원망 어린 눈초리로 두 아들이 나를 째려본다.

"내가 와플이랑 꽈배기 먹을 생각에 마음이 얼마나 부풀었는지 알아? 엄마는 왜 잘 알지도 못하면서 아까 3시에 왔을 땐 와플이랑 꽈배기를 아직 팔고 있었단 말이야. 엄마가 지금 배도 안 고픈데 왜 먹냐고, 이따 저녁에 와서 맛있게 먹자고 해서 그 말만 믿고 내가 엄청 설레면서 왔는데 엄마 때문에 다 망쳤어."

"아~ 미안 미안…."

나는 왜 제멋대로 장이 저녁에 서는 것이라 생각했을까? 이거야말로 지극히 도회지적인 생각이 아닌가.

"얘들아! 여긴 5일장이니까, 5일 후에 또 장이 설 거야. 그땐 우리 아침부터 와서 구경하고 맛있는 것도 먹자."

겨우겨우 달래서 그럼 저녁은 뭘 먹을까 고민하는데, 아 또 시간이 자꾸 간다. 이럼 또 식당들이 문을 닫는다고! 여기서 밥까지 굶게 되면 왠지 돌이킬 수 없는 상황이 올 것만 같은 불길함이 엄습한다.

그런데 웬일로 금방 마음이 다스려진 아들들이 지난번에 맛집으로 나와 있던 치킨집을 못 갔으니 오늘은 거기로 가보자고 한다. 하긴 여긴 웬만하면 문을 일찍 닫으니 그나마 술집을 겸하는 치킨집이 실패할 확률이 훨씬 적다. 게다가 그 집은 그제 문을 닫았었기 때문에 오늘은 분명히 영업을 할 것이다. 장사를 하는 사람이 일주일에 두 번이나 문을 닫을 가능성은 거의 없다고 봐야 한다.

역시나 이번 치킨도 탁월한 선택! 그제 먹은 치킨도 상당히 맛이 있었지만, 오늘 먹은 치킨은 내 취향이다. 원래는 순살을 좋아하는

열셋째 날 당근 당근 당근 뽑기

아들들이지만 이 가게에는 순살이 없어서 그냥 뼈가 있는 치킨으로 먹었는데 정말 맛있게 잘 먹었다.

아이들이 치킨 집 벽에 붙어 있는 술의 9단계에 대한 글귀를 보더니 "흠, 엄마는 주현(酒賢, 술을 아끼고 마시는 사람간의 정을 아는 사람) 쯤 되는 것 같아"라고 말한다. 이거 지금 칭찬인 건가?

살다 보면 오늘처럼 계획대로 되지 않는 날이 있다. 융통성이 없는 나는 그런 날들에 잘 적응하지 못했다. 그래서 내게는 언제나 계획이 중요했다. 계획대로 되지 않는 날도 많은데 그 계획마저 없다면 세상을 어떻게 살아가야 하나 막연히 두려워했던 것 같다. 하지만 계획하지 않은 중에 이렇게 생각지도 않은 기쁨을 누리게 되는 날도 있다는 걸 우리는 조금씩 알아가고 있다.

배도 부르고 피곤하기도 하고 서둘러 집에 가려고 나왔는데 버스 정류장에 도착하니 버스가 좀 전에 가버렸다. 다음 버스는 29분을 기다리라고 한다. 추운데 앉아서 버스를 기다리느니 차라리 30분 걸어서 집으로 가자고 했다. 바람 불고 춥긴 하지만 우린 배도 부르고 옷도 따뜻하게 입었으니까.

신나게 노래 부르며 걸어오니 생각보다 금방 온 것 같다. 서울에 살면 이렇게 시원하고 맑은 공기 속을 걷는 일이 얼마나 있을까. 느리게 사는 것에 우리는 조금씩 적응해 가는 중이다.

열셋째 날 당근 당근 당근 뽑기

열넷째 날

조아모루
펜션
단합대회

열넷째 날

어제 농사일 조금 했다고 어깨와 다리가 쑤신다. 혹시라도 나중에 귀농을 결심하게 되더라도 나는 열심히 농사일을 하면 먹고 사는데 지장은 없을 거라고 굳게 믿었는데, 나의 자신감은 근거 없는 자신감이었나 보다. 이 나이에 고작 몇 시간 일하고 이렇게 아프면 더 나이 먹어서 과연 실한 농군이 될 수 있을지 내 스스로가 의심스럽기 그지없다.

아이들도 나름 힘들 것 같았는데 역시 연식이 오래되지 않은 새 것이라 그런지 애들은 오히려 팔팔하다.

오늘은 펜션 사장님과 사모님, 그리고 보라방에 묵고 있는 엄마와 아이 둘까지 세 가족이 단합대회를 하기로 한 날. 오후 1시 30분에 모여서 함께 장을 보고, 5시 30분까지 마당에 같이 모여 상을 함께 차리고, 먹고 난 다음에 함께 치우기로 했다.

보라방에 묵고 있는 엄마와 아이 둘도 마찬가지로 한달살이 중이라고 했다. 그 집도 남자 아이 둘인데 4살, 7살이라고 했다. 큰아들은 키가 얼마나 큰지 9살인 건민이도 9살치고 작은 키는 아닌데 건민이보다 컸다. 아들 둘 키우는 엄마가 맞나 싶을 정도로 그 엄마는 목소리도 얌전하고 말수도 많지 않은 것 같다. 사실 나는 목소리도 크고 성질도 급해서 사람들이 다 아들 2~3명은 키우는 엄마 같다고들 하는데. '우아함'까지는 바라지 않더라도 "그 엄마 참 얌전하더라.' 소리는 한번 듣고 싶은데, 아마도 내 생에 그럴 일은 없을 듯하다.

세 집이 먹을 고기와 야채, 술과 안주를 약간씩 사고 아이들에게도 자기가 먹을 과자와 음료수를 하나씩 원하는 것으로 집어오라고 하니 우리 집 놈들은 탄산음료에 달고도 단 과자를 집어 온 반면, 보라방 아이들은 건빵과 이온 음료를 들고 온다.

아, 이래서 그 집 애들이 키가 큰가? 괜스레 탄산과 단 과자를 들고 온 아들들을 째려보게 된다. 장을 보는 사이 급 친해진 아이들은 잠시 바다에 나가 놀고 싶다고 한다. 그러라고 하고 대신 공항으로 아빠 마중을 가야 하니 3시까지는 집에 들어오라고 당부를 해 두었다.

2주 만에 남편이 오는 거라 무슨 손님맞이 하는 것 마냥 청소며 집 정리며 마음이 분주하다. 애들이 돌아올 시간에 맞춰 끓여놓은 우동을 후루룩 먹고 공항으로 나갔다. 오랜만에 아빠를 본 아이들은 좋아서 소리를 고래고래 지르고 난리다.

집으로 돌아오니 사장님은 벌써 화로에 솥을 내걸고 고기를 삶기 시작하셨다. 우리도 대충 짐을 정리해서 마당 한쪽 바베큐 장으로 내려갔다. 사모님이 밥이랑 찌개를 끓이시는 동안 나는 어제 일하고 받은 더덕을 깠다. 밭에서 나온 지 얼마 안 된 더덕은 향이 진하게 올라오는 것이 저절로 건강해지는 기분이다. 상이 다 차려지자 사모님이 아이들을 먼저 먹이자고 하시길래 아이들이 지금 막 만나서 놀기 시작했는데 밥 먹으라고 하면 싫어할 테니 우리 어른들이 먼저 먹고 나서 아이들을 부르자고 하니 깜짝 놀라신다.

"아니, 애들을 먼저 먹이는 게 아니고 어른이 먼저 먹자고? 아, 역시 아주 자유롭게 키우는구만!! 우리 때는 그저 애들 먼저 먹이고 입히고 그러는 건 줄 알았지. 엄마 먼저 먹는 건 생각도 못했는데." 하신다.

"그게 아니에요. 우리 건우는 밥도 워낙 느리게 먹는데다 일단 무엇이든 시작하면 그걸 마무리할 때까지는 다음 행동으로 넘어가질 못하는 성격이랍니다. 그걸 고쳐보려고 별별 짓을 다 해봤는데 그러면 결국 갈등만 커지고 서로 마음 상하고, 애한테 계속 뭐라 뭐라 잔소리를 해야 되더라구요. 그래서 그냥 우리는 먼저 식사할 거니까 언제까지 마무리하고 밥 먹어라, 밥상은 언제까지만 차려두겠다 이런 식으로 해요. 물론 그렇게 해도 안 지켜질 때가 더 많지만, 그래도 비교적 덜 부딪치고 덜 마음 상하는 방법이 되긴 하더라구요."

맛있는 수육에 밥과 된장찌개 그리고 향긋한 더덕으로 푸짐한 밥상 앞에 술 한 잔씩 놓아두고 즐거운 이야기와 식사가 시작되었다. 화로의 장작이 타닥타닥 타오르는 소리와 장작 타는 냄새. 그리고 웃음꽃과 수다밭….

다만 몇 시간의 수다로 우리의 살아온 인생을 얼마나 설명할 수 있으며, 각기 다른 삶을 살아온 서로를 얼마나 이해할 수 있겠는가. 그래도 우리들의 이야기는 그저 주인과 손님, 나와 남이 아니라, 이제는 서로 한 지붕을 이고 사는 이웃이라는 애정을 갖게 해준다. 노

부모를 모시고 사는 펜션 사장님과는 노인 봉양 문제와 제주의 삶에 대한 이야기를 듣고, 보라방 엄마와는 육아의 어려움을 함께 이야기한다.

사람의 삶이란 어찌 보면 각자 자기의 삶을 살고 있는 것 같으면서도 엇비슷한 고민과 어려움이 있고, 그 속에서도 또 각자 다른 결을 가지고 살아가는 것이 새삼 신기하고 재밌기도 하다.

언제나 흥이 넘치는 나의 남편은 오랜만에 가족을 만나기도 했고, 워낙에 불질하는 걸 좋아하는 지라 화로 속에서 타고 있는 장작을 보

 더니 홀로 흥에 겨워 누가 시키지도 않는데 노랫가락을 뽑고 난리다. 마트에서 사온 고구마가 있어서 은박지에 싸서 화로 속에 넣어두고 군고구마를 해먹었다. 사장님은 지금까지 여기 펜션에서 꼭 수육 파티를 했는데 이렇게 2차까지 하면서 고구마를 구워 먹기는 처음이라면서 고구마가 너무 맛있다고 하신다.

 한참 즐겁게 이야기가 오고 가는 사이에 우리 집에 올라가서 건브라와 함께 놀던 보라방 아이들이 자꾸 엄마에게 왔다 갔다 했다. 아직 7살, 4살은 친구들과 놀다가도 엄마가 생각나는 그런 나이인가 보다. 우리 애들이 컸다고 그새 그런 걸 나는 다 까먹었다. 아직은 어리다고 하지만 덩치는 건브라보다도 큰 아이들 둘이 엄마 품에 매달리니 보라방 엄마는 앉아 있다가 허리가 뒤로 꺾어지도록 아이들을 안고 있다. 그 모습을 보고 있자니 내가 언제 건브라를 저렇게 안아 준 적이 있었을까 하는 생각이 든다.

내가 어릴 때 우리 엄마는 내가 저렇게 매달리는 걸 무척이나 싫어했다. 때로 그런 엄마가 무척이나 서운했었던 나는 '나를 이렇게 좋아하지도 않을 거면서 낳기는 왜 낳았을까.' 하며 엄마를 원망하기도 했다. 그래서 나는 이 다음에 아이를 낳으면 맨날 안아주고 쓰다듬고 그럴 거라고 정말 굳게 다짐했었는데. 근데 이게 웬일. 대를 물릴수록 스킨십을 싫어하는 것은 그 강도가 더 강해지는 것인지, 나는 지난날의 엄마보다도 더 야멸차게 애들을 내치곤 했다. 우리 아들들도 상처 많이 받았겠구나. 이제라도 정말 많이 안아 주어야지. 이제 진짜 몇 년 만 지나면 안아 준다고 해도 도망 다닐 나이가 될 텐데.

즐겁게 먹고 마시고 펜션 사장님 내외분과 보라방 가족들도 방으로 모두 돌아가고, 피곤해진 나도 방으로 들어가겠다니까 오랜만의 불질에 신이 난 남편은 자기는 조금만 더 있다가 뒷정리하고 들어갈 테니 먼저 들어가라고 한다. 방에 들어와 애들을 씻기고 어질러진 방을 대충 치우고 자리에 누우니 남편이 노래를 흥얼거리며 들어온다. 어지간히도 기분이 좋은 모양이다.

열다섯째 날

방어 축제와 용머리 해안

열다섯째 날

어제 고기에 더덕에 좋은 안주와 술을 먹어서 그런지 과음을 한 편인데도 몸이 가볍다. 오늘은 모슬포항에서 열리는 '최남단 방어축제'에 가기로 한 날이다. 낚시를 좋아하는 나를 위해 남편이 생각해 온 일정이다. 사실 우리 집에서 모슬포항까지는 1시간 30분 정도의 거리이니 상당히 먼 편이다. 그래도 지금 제주도에 있고 때마침 축제 기간이 겹치니 한번 가보기로 했다.

무슨 이유에서인지는 모르지만 나는 희한하게도 어복이 있는 편이었다. 낚시를 처음 해본 날도 나만 물고기를 3마리나 잡았다. 그 뒤로 어디에서건 어떤 환경에서건 낚시를 가면 남들은 한 마리도 못 잡을 때 나는 한 마리라도 잡았고, 항상 남들보다 많이 잡았다. 그래서 낚시는 애들이 크고 나면 내가 원 없이 하고 싶은 일 목록 상위를 차지하고 있다.

가서 보니 꽤나 큰 축제인 듯하다. 가운데 무대를 중심으로 해서 양쪽으로 한쪽은 먹거리 장터가 자리하고 있고, 한쪽은 각종 체험 부스가 자리를 잡고 있다. 무대 앞쪽으로 객석이 있고, 그 뒤쪽으로는 '맨손으로 방어 잡기 체험장'이 어른 체험장과 어린이 체험장으로 나뉘어 있었다. 그 뒤쪽으로는 개인들이 사설로 차린 듯한 천막에서 여러 가지 것들이 판매되고 있었다.

우리는 가두리 방어낚시 체험이 있어서 신청을 했다. 가두리에서 방어를 어떻게 잡는 것인지 매우 궁금했는데 막상 가두리 안으로 들어가니 진행요원 아저씨 한 분이 오셔서 옆에 있는 방어 가두리에서 방어를 한 마리 꺼내다가 낚시 바늘에 그냥 꿰어서 바다에 휙 던지더니 나에게 낚싯대를 건네준다.

"자, 이제 걷어 올리세요!"

"에? 내가 잡는 게 아니고 그냥 잡힌 고기를 낚으라고요?"

어찌됐든 급한 김에 낚싯대를 받아들었는데 오메 이게 웬일. 이 방어란 녀석이 어찌나 힘이 좋은지 당최 들어 올릴 수가 없다. 낚싯대 끝을 아예 내 배 위에 올리고 낚싯줄을 걷어 올리느라 안간힘을 써보지만, 아, 이러다 내 배가 뚫어질 것 같다. 낚싯대는 휘어지고 아무리 들어 올리려 애를 써 봐도 소용이 없다. 결국 애들이 달려들고 남편까지 합세를 했으나 방어의 힘을 따라잡지 못했다. 남편에게 낚싯대

열다섯째 날 방어축제와 용머리 해안

를 넘기니 한창 용을 쓰던 남편도 물고기가 보이기 시작할 때쯤엔 힘이 모자라 막판 들어올리기가 힘들어졌다. 결국 진행요원 아저씨가 들어 올려 주셨다.

'와, 방어가 힘이 이렇게 좋구나.'

망치로 기절시킨 방어를 아저씨가 비닐봉투에 담아 주며, 행사장 끝에 있는 포장마차에 가서 회를 떠서 먹으면 된다고 하신다.

기절시킨 방어를 들고 맨손잡이 구경을 했다. 할머니들도 있고, 외국인들도 있고, 여자들도 가끔 보인다. 20여 명씩 들어가는데 축제다 보니 방어를 풀어놓는 데 인색하지는 않은 것 같다. 노약자들에게 우선 10초 정도 먼저 들어가게 해주는 센스를 보인 MC의 호각소리에 맞춰 마치 사냥터를 방불케 하는 맨손잡이가 시작됐다. 남자들의 경쟁심이란! 그 와중에 혼자 2마리씩 잡는 청년들도 있기는 했다. 당연 맨손인 사람들도 있고. 나중에 보니 못 잡은 사람들에게 작은 방어 한 마리씩은 그냥 주는 것 같았다.

남편에게 한번 해보라고 했더니 어차피 방어 한 마리 잡은 거 있어서 더 있으면 먹기도 힘들고 그냥 있는 것만 먹고 구경이나 하자고 한다. 이것저것 구경하는 데 들고 있던 방어 봉지에서 자꾸 부스럭부스럭 소리가 난다. 깜짝 놀란 남편이 아무래도 기절했던 방어가 깨어난 것 같다고 우선 이것부터 처리하자고 한다. 줄을 서서 방어회를 뜨고 절반은 포장해 달라고 했다.

어제 펜션 사장님께 내가 방어 큰 거 잡아서 회 떠다 드리겠다고 큰소리 뻥뻥 쳐 놓았으니, 가져가면 아마 맛있게 드시겠지. 회를 뜬 방어를 먹으니 참으로 쫄깃하고 맛이 좋다. 방어는 느끼한 편이라 많이 먹기는 힘들고 절반을 회를 뜬 게 우리 가족에게는 딱 양이 적당하다. 회를 별로 좋아하지 않는 건민이는 옆에서 기다리기 지루하다며 빨리 먹으라고 채근하고, 회를 좋아하는 건우는 방어회가 정말 맛있다며 쩝쩝거리며 먹어댄다.

마당 한가운데서는 해녀들의 마당극이 펼쳐졌다. 해녀들이 바다에 나가면서 부르던 노래를 부르며 바다에서 물질하는 모습을 형상화한 듯한데, 중간 중간 창을 하시는 대장 해녀님이 허리에 찬 바구니에서 사탕을 한 주먹씩 던져 주니 아이들이나 어른들이나 사탕 줍기에 정신이 팔린다. 해녀박물관에 다녀오면서 해녀들의 고달팠던 삶을 마주했기 때문인지 나는 이상하게도 그 노랫소리에 눈가가 아릿하게 젖어 왔다. 마당극답게 중간 중간 이제는 은퇴를 하셨을 법한 할머니들도 함께 노래와 춤을 추기도 하고 아이들도 그물을 잡고 해녀들의 뒤를 따라다니기도 하였다.

얼핏 보니 무대 중앙에서는 방어 해체 쇼를 하는 듯하다. 방어가 워낙에 크니 참치마냥 해체 쇼를 하는 것이다. 방어도 크기에 따라 조금씩 맛이 다르고 크면 클수록 맛이 좋다고 한다. 큰 방어는 참치처럼 부위마다 맛이 다르고, 워낙에 큰 생선이라 머리만 따로 구이도 해 먹고 탕도 끓여 먹는데 맛이 아주 좋단다. 어쩐지 먹거리 장터에 웬 생선 머리가 저렇게 잔뜩 쌓여 있나 했더니 그것만도 따로 구이를 해먹는 거였다.

올해는 방어 포획량이 그리 많지 않다고 한다. 고래가 늘어 고래가

방어를 많이 잡아먹어서 그렇단다. 그래서 항간에는 바다에 돌고래가 먹고 남긴 방어 머리만 둥둥 떠다닌다는 소리도 있다고.

아빠와 함께하는 포구 낚시 체험이 있어서 호기롭게 낚싯대를 꿰차고 앉았으나 물고기들이 왔다 갔다 하는 것이 눈에 뻔히 보이는데도 고기가 잡히지 않았다. 아마도 오전에 낚시하는 사람들이 떡밥을 하도 많이 풀어놓아서 고기들이 배가 부른 모양이다. 떼를 지어 왔다 갔다 하는 모습은 보이는데 전혀 입질이 오지 않았다. 너무 조용한 낚싯대에 흥미를 잃었는지 웬일로 아이들이 낚시를 금방 포기했다.

아이들에게 체험 부스를 돌다가 하고 싶은 것이 생기면 생각해 두라고 했다. 그중 두 가지를 시켜주겠다고 했더니 한참을 돌아다니다 온 건우는 격파와 비즈를 골랐고, 건민이는 격파와 소라껍질 색칠하기를 골라왔다. 격파에 성공해서 원하는 피규어 하나씩을 받아들고 너무나 행복해하는 아이들을 보니 행복은 멀리 있지 않다는 말이 실감났다.

재밌었던 방어축제를 뒤로 하고 서귀포까지 나온 김에 용머리 해안을 들르자고 했다. 지난번에 서울에서 친구들이 놀러 왔을 때 가고 싶었으나 거리가 너무 멀어 입장 마감시간까지 갈 수 없을 것 같아 포기했는데, 여기서는 15분 거리라 구경하기 딱 좋았다.

용머리 해안으로 가니 제일 먼저 눈에 띄는 것은 하멜의 선박이 난파되어 이곳에 표착했던 것을 기념하는 하멜선박전시관이었다. 중학교 때인가 역사시간에 배웠던 우리나라를 유럽에 소개한 최초의 문헌 〈하멜표류기〉를 썼다는 네덜란드인 하멜.

하멜 일행은 본국으로 돌아가려고 여러 번 탈출을 시도했으나 여의치 않았던 모양이다. 실패를 거듭하며 14년이나 보냈고, 마침내 탈출에 성공하여 일본으로 건너갔다가 거기에서 네덜란드로 귀국하였다. 하멜표류기는 억류돼 있던 14년간의 밀린 임금을 받기 위해 기록하였다는데 여기에 비교적 자세하게 우리나라의 지리, 풍속, 문화 이런 것들이 기록되어 유럽에 우리나라를 알리는 계기가 되었다고 한다.

중간 중간 실제의 모습을 재현한 마네킹들이 있는데, 전시관을 관람하는 사람들마다 깜짝깜짝 놀란다. 전시관이 좀 어두운 편인데다 요즘 마네킹들 같이 머리가 작고 이상적인 몸매가 아니라, (당시 선원들의 상태를 설명하기 위함인지) 머리가 크고 인상이 험하게 생긴 마네

킹들이 떡하니 나타나니 다들 '어우 깜짝이야!' 하며 놀란다.

 하멜 전시관을 나와서 산방산굴사까지 함께 관람하기로 하고 본격적으로 용머리 해안으로 들어갔다.
 아, 이 감동을 어떤 말로 표현할 수 있으리. 비루한 나의 언어가 부끄럽다.
 바다 속으로 들어가는 용의 머리를 닮았다 해서 붙여진 이름이라는 용머리 해안은 그야말로 대자연의 웅장함을 그대로 보여주는 절경이었다. 수천 년을 이어 바다와 파도가 부딪치며 만들어 놓은 절경. 때로 그들은 격렬히 부딪쳤으며, 때로 그들은 서로를 보듬었으리. 장구한 세월 속에 그들은 서로의 살점을 나누었으며 서로의 피를 탐하였을 것이다. 이 위대한 자연 앞에 유한한 인간이란 존재는 얼마나 누추하고 초라한가.

   하늘과 바다와 파도와 바위가 그들의 웅혼함을 원색적으로 드러내는 용머리. 그저 입을 벌리고 나는 감탄할 뿐이다.

   용머리 해안을 끝까지 돌면 육지로 통하는 계단이 나온다. 이 또한 신기하다. 이 계단을 지나 쭉 올라가면 산방산굴사에 닿을 수 있다. 산방산굴사는 꽤 높은 편이었다. 방어축제 참석에 용머리 해안까지 돌아오느라 나도 땀을 많이 흘렸지만 아이들 얼굴에 피곤한 기색이 역력하다. 어르고 달래서 꼭대기까지 오르니 굴 안에 불상이 모셔져 있었다. 특이하게도 그 안에 약수터가 있었는데 그 약수는 천정에서 떨어져 고인 물이 만들어낸 약수란다. 정말 특이하기도 한데 불교 신자도 아닌 우리가 (심지어 양가 부모님들 모두 절실한 기독교 신자시다) 들어가서 감히 그 약수를 탐하는 게 예의가 아닌 듯하여 잠시 앉아 굴사를 살펴보았다.

   힘들게 여기까지 올라와 쌀을 봉양하고, 약수도 받아가고, (저 무거운 걸 어떻게 다시 들고 내려갈까?) 초를 켜는 사람들이 꽤 많았다. 대체 간절함의 정도가 어느 만큼이기에 저렇게까지 하는 것일까? 그것이 무엇이든 그 간절함이 이루어지길 나도 바라본다.

   그리고 지금 나에게 가장 간절한 소원은 무엇일지 생각해 본다. 지금 당장은 무엇보다도 나의 아들들과 이 제주 한달살이를 무사히 잘 마치고 싶다!

열여섯째 날

봄날처럼 따뜻한 날에 한라산을 오르다

열여섯째 날

오늘은 한라산에 오르기로 한 날이다. 제주 한 달 살기를 시작하면서부터 남편은 제주에 있을 때 언제고 한번은 한라산에 오르고 싶다고 얘기를 했었다. 아직 아이들이 어리고 한라산은 설경이 아름답기로 소문난 산이니 나중에 가든지, 정 가고 싶으면 우리에게 구애받지 말고 당신 편한 대로 오르라고 얘기를 했으나, 무엇이든 혼자 즐기기보다 가족하고 같이 하기를 원하는 남편은 이리저리 코스를 알아보더니 아이들도 다 오를 수 있는 코스를 짜 왔다.

남편이 짜온 코스는 어리목으로 올라가서 윗세오름까지 오른 후에 영실목으로 내려오는 코스다. 그럼 어리목으로는 대중교통으로 가냐고 하니, 차를 가지고 가서 어리목에 대고 영실로 내려오면 영실목에서 어리목까지 운행하는 택시가 있으니 그걸 타면 된다고 한다. 그런 코스로 이동하는 등산객들이 많은지 영실목에서 어리목까지 가는 택시가 있고, 택시비는 2만 원 정도 한다고 했다. 어리목에서 윗세오름까지는 4.7킬로로 2시간 30분 정도의 거리다. 서울에 있을 때도 아이들과 곧잘 등산을 했던 터라 그 정도의 거리와 시간은 아이들이 감당할 수 있을 것이다.

열여섯째 날 봄날처럼 따뜻한 날에 한라산을 오르다

다행히 오늘 날씨는 봄날처럼 따뜻하다. 바람도 없고 햇볕도 좋다. 한라산은 산이 높고 깊은데다 겨울엔 해가 빨리 지므로 입산 시간이 새벽 6시부터 낮 12시까지로 정해져 있는데, 우리는 간신히 11시 57분에 도착했다.

어리목 코스는 사제비동산까지 처음 한 시간 정도가 난이도가 가장 높고, 그 뒤로 만세동산까지는 중, 그 다음 윗세오름까지는 완만한 난이도로 하 정도의 코스다. 우리 가족 중에 가장 몸이 날랜 건민이는 산을 잘 타는 편인데, 오늘따라 컨디션이 좋지 않은지 오르는 내내 투덜거린다. 힘들어서 못 가겠다는 둥, 왜 이렇게 힘들게 산을 가자고 하느냐는 둥, 그냥 집에 가면 안 되냐며 팔에 매달리고, 넘어지고, 드러눕고, 여러 가지로 힘들게 했다. 평소에도 화를 잘 내지 않는 남편은 그런 건민이를 어르고 달래고 함께 손잡고 놀아줘 가며 산을 오른다. 마지막 등산을 해본 지가 한참 전이라 내 몸뚱이 하나도 건사하기 힘든 나는 그냥 묵묵히 산을 올랐다.

산에 가면 언제나 처음 30분 정도는 고생을 한다. 호흡도 고르지 않고 다리가 자꾸 엉킨다. 30분 정도는 지나야 온몸에 땀이 쭈욱 나면서 산에 몸이 적응을 한다. 이때야 비로소 나는 나 자신에게 집중할 수가 있다.

20대까지만 해도 나는 산이 참 싫었다. 기껏 땀 뻘뻘 흘리며 기를 쓰고 올라가서 야호 한번 외치고 내려올 걸 왜 올라가는지 이해할 수가 없었다. 30대가 되고, 결혼을 하고, 아이를 갖기 위해 하던 학원 강사 일을 많이 줄이고 나니 낮에 남는 시간이 많았다. 책을 읽는 것도 하루 이틀이고, 텔레비전을 보는 것도 하루 이틀이다 보니 적당한 취미를 갖는 것이 좋겠다 싶어 (생각해 보니 나이 30이 넘도록 변변한 취미 하나 없이 바쁘게도 살아왔구나 싶다) 등산을 시작했다.

일단 건전하고 돈도 적게 들고 시간이 많이 걸리니 이보다 더 좋은 취미가 어디 있으랴 싶었다. 그렇게 집 앞 작은 산부터 시작하면서 등산하는 재미를 조금씩 알아갔다. 그러다 아이를 낳고 키우면서 등산은 나중에나 할 수 있는 일이 되었다. 몇 년 지나서 아이들이 좀 크고 나니 주말에 하루 정도는 남편이 아이 둘을 볼 수 있게 되었을 때 나는 남편에게 한 달에 두 번 정도 주말에 나도 내 시간을 가질 수 있게 육아 휴일을 달라고 했다.

남편은 회사라도 다녀오니 아이들과 떨어졌다 만나는 시간이 있지만, 나의 경우는 하루 종일 아이들과 붙어 있으니 도대체가 독서든 영화든 여유 있게 할 수 있는 시간이 없었다.

그래도 깨인 시각을 가지고 있는 남편은 흔쾌히 그렇게 하라고 얘기를 했고, 벌써 6년 째 나는 한 달에 두 번 정도는 등산을 다니게 됐다. 이렇게 열심히 산에 가는 데도 여전히 등산이 힘에 부치는 걸 보면 나도 산을 잘 타는 체질은 아닌 것이 분명하다.

그래도 산에 다니기 시작하면서 같이 등산가게 될 멤버를 찾다 보니 때로는 동네 아줌마들과, 때로는 초등 동창들과, 때론 여고 동창생들과, 때론 대학 후배들과 어울릴 시간이 생기게 됐고, 산을 타고 뒷풀이를 하면서 서로에 대해, 가족에 대해 많은 이야기를 나눌 수 있게 되었다.

열여섯째 날 봄날처럼 따뜻한 날에 한라산을 오르다

   사제비동산까지의 오르막길을 힘겹게 올라가고 나면 갑자기 시야가 확 넓어지면서 넓은 들판이 나온다. 어떻게 산 중턱에 이런 들판이 나올 수가 있을까 싶게 넓고 평평한 동산은 뛰어 놀고 싶은 생각이 들 정도로 평평하고 넓었다. 지금은 꽃이 피는 계절이 아니어서 누렇게 변한 작은 잎들이 넓게 퍼져 있는 것이 꼭 요즘 초등학교 운동장의 잔디구장처럼 느껴진다. 그 뒤로는 쭉 펼쳐진 완만한 길이어서 시야도 트이고 걷기가 즐겁다.

   한참을 올라 윗세오름 대피소 지붕이 보일 때쯤 만세동산 뒤로 백록담 분화구가 보였다. 그동안 사진으로만 보고 실물을 보기는 처음이다. 우리가 오르는 코스는 백록담을 볼 수 있는 위치는 아닌데, 왕복 12시간 정도의 산행 코스를 잡으면 실제 백록담을 볼 수 있다고 한다. 올라오는 내내 투덜거리던 작은 녀석은 넓은 들판 길을 보니 기분이 좋아졌는지 온 김에 백록담까지 가자는 말도 안 되는 소리를 늘어놓는다. 너희들이 얼른얼른 커서 12시간 산행을 할 수 있는 힘이 생기거든 그때 꼭 다시 오자 했지만 아마 그때쯤이면 이 에미는 무릎이 아파서 한라산은커녕 동네 뒷산도 못 갈지도 모르지.

윗세오름 대피소까지 2시간 30분이 걸렸다. 아이들은 사발면과 도시락을 먹을 생각에 신이 나 있었는데 우리가 거의 마지막에 도착한지라 도시락은 다 팔리고 없고, 사발면과 초코파이 뿐이다. 그래도 각자 한 개씩 먹을 수 있는 게 어디냐며 정말 맛나게 라면과 초코파이를 먹었다. 먹고 기념 사진촬영 한번 하고 나니 윗세오름 대피소에서 3시까지는 무조건 하산을 해야 한다고 계속 안내 방송이 나온다. 윗세오름에서 남벽분기점까지 갈 수 있는 길도 오후 1시까지만 개장하고, 남벽분기점에서는 오후 2시에 문을 닫는다. 역시 큰 산은 큰 산이라 입장 통제 시간이 엄격하다.

'오늘은 계속 슬라이딩이군.'
내려올 때는 영실목 쪽으로 길을 잡아서 내려갔다. 내려오는 길에 윗세족은오름이 보이고 그 위에 전망대가 있었다. 위로 올라가는 계단이 아찔하기는 하였으나 그래도 안 올라가 볼 수 없어 올라서니 그야말로 망망대해가 보인다. 머리 위로 하늘을 이고, 멀리 보이는 바다와 발밑으로 보이는 구름. 나는 구름 위에 서 있다. 가슴이 뻥 뚫리는 시원함을 느꼈다.

열여섯째 날 봄날처럼 따뜻한 날에 한라산을 오르다

　이렇게 크고 광활한 자연을 보면서 자라는 아이들은 얼마나 마음이 크고 넓은 사람이 되는 것일까. 나는 우리 아이들이 그렇게 자라났으면 좋겠다. 아시아의 작은 나라, 그마저도 반 토막 나 서로 반목하면서 살아온 대한민국. 나는 그 대한민국이 세상의 전부인 줄 알고 살았다. 그래도 행복했고 즐거웠지만 아이들은 더 넓은 세상에서 좀 더 자유롭고 좀 더 넉넉한 품을 가진 사람으로 자라나길 바란다.

　영실목으로 내려오는 길은 한쪽이 절벽으로 돼 있어 산세가 아주 잘 보인다. 이 길은 병풍바위를 비롯한 기암들과 오백나한으로 유명한 코스다. 특이하고 아름다운 모양의 바위들이 불쑥불쑥 튀어나와 놀라기도 하고 감탄하기도 하며 내려왔다.

　경사가 가파르거나 급하진 않은데 만약에 이 길로 올라왔으면 끝도 없이 이어지는 계단에 질려서 중간에 포기했을지도 모른다. 건민이는 자기가 아무래도 고소공포증이 약간 있는 것 같다며 한쪽이 절벽으로 돼 있으니 내려가기가 힘들다고 여간 짜증이 아니다.

9살이 벌써 그런 걸 아는 나이인가? 나중에는 머리도 아프다 하고 토할 것 같다고도 한다. 올라올 때도 영 컨디션이 안 좋더니 내려올 때도 여전하다. 그나마 내려오는 길은 코스가 짧은 것이 다행이라면 다행이었다.

산에서 내려오니 4시 30분이 조금 넘었다. 혹시나 하산객이 더 이상 없을 걸로 생각하고 택시가 없으면 어쩌나 걱정했는데 다행히도 2대 정도가 남아 있었다.

제주시로 나와서 횟집에서 배불리 먹었다. 건민이는 나를 닮아 고기를 좋아하고 건우는 아빠를 닮아 해산물을 좋아했다.

산을 올라가고 내려오는 동안 내내 투덜거리던 건민이는 저녁에 자기가 좋아하지도 않는 회를 먹냐며 불평불만이 이만저만이 아니었다. 그 집은 횟집이긴 하지만 회 말고도 먹을 만한 음식이 이것저것 많이 나오는 집이다. 그러니 네가 먹을 게 많이 있을 것이라고 아무리 얘기를 해도 횟집에 도착해서 음식이 나올 때까지 있는 대로 짜증을 부렸다.

막상 음식이 한 상 가득 차려지자, 눈이 휘둥그레진 김건민이 "아, 이런 집이라도 왜 미리 말을 안 했어. 엄마, 이런 횟집은 언제나 늘 환영이지!"라고 한다.

참 나, 지금까지 내가 한 말은 어디로 들은 건지.

자기가 좋아하는 음식이 많아 흐뭇해진 건우도 맛나게 음식을 먹

열여섯째 날 봄날처럼 따뜻한 날에 한라산을 오르다

다가 갑자기 "내 생에 이처럼 아름다운 날~~또 다시 올 수 있을까요~~"라는 이선희의 '인연'이란 노래 한 자락을 읊었다.

헐, 옛날에 어른들이 약주 한 잔 하시다 흥에 겨우면 노래 한 자락씩 부르셨다지만, 뭐 어린 아이가 밥 먹다 말고 너무 좋아서 노래를 부른단 말인가. 그래도 자식이 기분 좋아서 노래까지 부르는 모습을 보니 참으로 흐뭇하고 뿌듯한 걸 보면 나도 어쩔 수 없는 부모인가 보다.

집으로 돌아오니 몸이 노곤노곤하다. 사실 오늘 저녁 우리는 일정이 있다. 게스트하우스를 운영하는 후배부부와 우리 부부, 그리고 내가 제주도에 내려와 있다는 사실에 자극 받아 가족들과 놀러 온 대학 선배, 그리고 본의 아니게 제주도에 발령을 받아 가족들은 서울에 있고, 자기만 제주도에서 홀로 직장생활을 하는 또 다른 대학 선배. 이렇게 7명이 모이기로 한 날이다.

여행 중인 선배 가족은 숙소가 게스트하우스이고, 직장 선배는 퇴

근 후 게스트하우스로 오기로 했다. 여행 중인 선배의 하나뿐인 아들은 건우와 동갑이라 셋이 방에서 같이 놀기로 하고, 어른들은 게스트하우스 안에 카페로 꾸며 놓은 별채에서 한잔 하기로 했다.

대학을 졸업하고 나서 처음엔 결혼식장에서, 그 다음엔 아기 돌잔치에서, 그 뒤로는 장례식이나 있어야 만날 수 있게 된다는 우스갯소리가 있지만, 크게 틀린 말은 아니다. 이제는 나이들이 더 이상 돌잔치가 있을 나이도 아니고, 장례식이나 있어야 만나는 사이들이 됐다. 그런데 그런 사람들이 서울도 아니고 제주도에서 이렇게 만나게 되다니 생각만 해도 신기방기하다.

옛날 사람들끼리 만나니 얘기는 자연스럽게 옛날이야기로 흘러가고, 그때 우리들의 치열했던 삶과 고민과 상처와 아픔들. 그리고 그 와중에도 꽃피웠던 사랑과 우정과 열정들. 그런 얘기들을 나누다 보면 그때는 차마 말로 하지 못했던 감정들이 떠오르기도 하는데, 그건 미움이기도 하고 원망이기도 하고 안타까움이기도 했다.

앞에서도 말했듯이 학교 때 나는 원칙주의자이며 완벽주의자였기 때문에 (물론 지금도 그런 기질이 강한 편이라 자유로운 영혼의 건우와 부딪치는 일이 많다.) 후배들에게는 매우 엄한 선배였다. 옳다고 믿는 신념이 강한 만큼 열심히 가르치고, 가르침을 따르지 않는 후배들에게는 거침없는 독설과 싸늘한 눈길로 상처를 많이 주었다. 그 때는 그것이 옳은 것이고 그렇게 해야 사람을 바르게 키울 수 있다고 믿었다.

93학번 후배가 뜬금없이 "그때 나는 누나가 정말 싫었어요!"라고 고백을 한다.

헉, 그래 내 언젠가 이런 날이 올 줄 알았다. 지금 생각해 보면 고작 나이 19살~22살이었을 우리가 마치 이 세상을 떠받치고 있는 듯한 책임감과 의무감으로 기껏해야 한두 살 차이 나는 성인을 선배랍시고 왜 그리도 가르치려 들고, 너무하다 싶을 만큼 밀어붙이고, 강요하고, 채찍질을 해댔는지 모르겠다.

나이가 들면서 자꾸 그런 기억들이 떠올라 괴로울 때가 있다. 가능하다면, 할 수 있다면, 나는 그 후배들을 다시 만나 꼭 미안하다는 말을 하고 싶다.

'그때는 그것이 옳다고 믿었고, 너희들이 상처받는 것은 열심히 살지 않는 너희들의 몫이라고 생각했던 것 같다고. 나의 사과가 너희 젊은 날의 상처를 회복하는데 조금이나마 도움이 됐으면 좋겠다고.'

열일곱째 날

그새
내가 많이
변했다고?

열일곱째 날

오늘은 바람이 많이 불어서 야외 활동을 하기에 그리 좋은 날이 아니다. 햇볕이 좀 있기는 하지만 바람이 많이 분다. 서울도 오늘은 날씨가 많이 춥다고 한다.

그래도 남편이 있는 마지막 날이니 그냥 있기가 아까워 가까이 있는 성산일출봉을 둘러보기로 했다.

성산일출봉으로 가니 사람들이 제법 있었다. 아름다움을 탐하는 건 인간의 본능일까. 유네스코 세계문화유산의 위용을 자랑하는 성산일출봉은 "그게 바로 나야 나!"라고 외치듯 그야말로 우람하게 우뚝 서 있다. 매표소에서 표를 사려고 하는데 정상으로 올라가는 계단을 본 작은 아들이 기겁을 하며 소리친다.

"엄마, 지금 우리 저기를 올라가겠다는 거야?" 그렇다고 하니 거의 울 지경이다.

"어제 그렇게 힘든데도 엄마 아빠가 가자고 해서 내가 그 힘든 한라산까지 올라갔다 왔는데 또 저기를 올라가자고? 그냥 여기서 보면 되잖아!"

"어제도 올라가기 힘들었지만 막상 올라가고 나니까 경치도 아름답고 정말 좋았잖아. 여기 일출봉은 어제 한라산보다도 훨씬 낮아. 올라가는데 30분, 내려오는데 20분이면 된다니까."

　아무리 달래고 얼러보아도 안 된다. 자기는 절대 못 간다며 인제는 거의 땡깡 수준이다. 그 때 우리 옆으로 승합차 한 대가 섰다. 3代가 함께 온 것처럼 보이는데, 할아버지와 두 가족이 함께 움직이는 듯 중고등학생으로 보이는 남녀 학생이 3명이었다. 중년의 사람들은 일출봉에 오를 생각에 마음이 바쁜 반면 학생들은 "헐, 저기를 올라가자고? 왜? 다리 아프게 거긴 왜 올라가?"라고 하면서 가기 싫다고 투덜댄다. 할아버지야 다리가 아파서 못 올라가신다지만 젊고 쌩쌩한 너희는 왜 안 올라가냐고 등을 떠미는 엄마를 보면서 건민이가 씨익 웃으며 나를 쳐다본다.

열일곱째 날 그새 내가 많이 변했다고?

"엄마, 어린이들은 저런 데 올라가는 거 다 안 좋아해. 나만 그런 거 아니라니까?"

하긴 너희 나이에 자연이 아름다운 걸 어찌 알겠니. 자연이 아름답다고 느끼는 건 늙었다는 뜻이기도 하지.

결국 성산일출봉에 올라가는 건 포기하고 근처 식당에서 맛있는 점심을 먹었다. 생선구이, 해물뚝배기, 해물라면이 세트로 있는 식사를 주문해서 먹었다. 해물뚝배기가 참 맛이 좋았다. 한참 식사 중에 요즘 '한라산' 소주 말고 다른 한라산 맑은 물로 만들었다는 후발주자 소주업체 관계자가 홍보 차 가게에 온 모양이다. 프로모션을 추진하는 중인 듯한데 주인아주머니가 식당 예약을 받느라 응대를 안 해 주신다. 우리가 나올 때쯤 전화 통화를 끝내신 사장님이 "그래서 이 소주를 넣어라 이 말이요?" 하고 물으니 "사장님, 이 술 쪼매 넣어줍서게!" 하고 외치는 영업사원의 목소리가 들린다.

아, 어디서나 먹고 사는 일이 쉽지 않구나. 그 외침에서 새삼 가장의 무게가 느껴진다.

나온 김에 우리는 섭지코지에 들러 한 바퀴 둘러봤다. 아직 금한령이 풀리지 않은 지라 중국 관광객들이 많이 없어서 한산했다. 하긴 바람이 이리 불어서 똑바로 서 있기도 힘든데 관광이 다 무슨 소용이랴. 바다를 하도 많이 봐서 별 감흥이 없는지 아이들은 바다를 향해 조그만 돌멩이를 던지느라 정신이 없다. 현무암이 가벼우니 바람을 타면 다른 곳에서보다 멀리 나가는 게 자기들 딴에는 매우 재미가 있는 모양이다.

저렇게 하다 팔이 빠지는 건 아닌지, 바람이 이리 부는데 저리 돌 팔매질을 하다가 넘어지기라도 하면 어쩌냐 하며 남편은 걱정이 늘어진다.

"여보 다 소용없는 말이야. 어차피 말 안 들어. 저러다 질리면 안 할 것이고, 우리 먼저 차에 가 있으면 놀다 찾을 것이고, 못 찾으면 전화하겠지. 그냥 내버려둬."

남편이 놀란 눈으로 나를 쳐다본다.

"당신 많이 변했네?"

"그래? 변해야지. 변하고 싶어서 당신까지 서울에 팽개쳐두고 왔는데. 근데 변한 건지, 적응한 건지, 포기한 건지 나두 헷갈려…."

집으로 돌아오니 몸이 땅속으로 꺼지는 듯하다. 남편도 피곤한지 잠시 누웠다가 그냥 세화까지만 태워다 주면 버스를 타고 공항에 가겠다고 한다. 일단은 다들 눈 좀 붙이고 생각하자고 했더니 갑자기 건민이가 그럼 이따 아빠 공항에 안 데려다 줄 거냐고 물어본다.

엄마가 너무 피곤해서 지금 운전을 할 수 있는 상태가 아니다. 바람이 이렇게 부는데 괜히 너희들까지 태우고 밤길에 운전하다 사고라도 나면 어쩌냐고 하니, 갑자기 이러는 게 어딨냐며 건민이가 난리를 친다.

대체 왜 그러느냐고 하니 자기는 아빠 공항 가는 길에 공항 근처에 있는 대형 마트에 갈 생각이었다는 것이다. 거기에 팽이 관련한 무슨 물건을 파는데 그게 꼭 필요하다고. 그게 원래 서울에서는 5만원이 넘는 팽이 세트에만 들어있고 따로 팔지를 않는데, 그 마트에서만 그걸 6천원에 판단다. 자기는 그거 사고 싶어서 여태까지 기다렸는데

이제 와서 안 가겠다고 하면 자기는 어쩌냐는 것이다.

아니 가고 싶은 네 마음이야 알겠다마는 지금 엄마가 힘들어서 운전을 못하겠다는 데도 계속 이렇게 조르냐고, 이틀 후에 할머니와 사촌들이 오면 그때 어차피 공항에 나가야 하니 그때 사면 안 되겠냐고 하니 아주 눈물바람을 하며 내가 그걸 얼마나 기다렸는데 엄마가 힘들어도 그렇지 왜 안 가는 거냐며 징징댄다.

아, 정말 피곤해서 꼼짝도 못하겠는데 그깟 팽이가 뭐라고 이 난리란 말인가. 엄마한테는 미안하지만 그래도 가야겠다니…, 이건 뭐 말로 도저히 설명이 안 된다. 그렇다고 윽박지른다고 알아듣기나 할 것인가.

결국 공항으로 갈 때는 남편이 운전하고, 집으로 오늘 길에는 내가 운전하기로 하고 공항으로 나섰다. 가족들과 3박 4일을 보내고 아무도 없는 집으로 가려니 남편은 영 내키지 않는 얼굴이다. 오늘 서울 날씨도 엄청 춥다는데 빈집에 들어가면 썰렁하기는 하겠다. 그래도 오늘이 월요일이니 담주 일요일이면 서울로 올라간다. 시간이 참 느리게 흘러가는 것 같으면서도 언제나 돌아보면 빠르다.

중간에 마트에 들러 원하는 것을 산 아이들은 아빠가 서울로 간다는 서운함 따위는 잊은 듯하다. 역시 애들은 애들이다.

열일곱째 날 그새 내가 많이 변했다고?

열여덟째 날

세화 오일장 그리고 '대화의 장'

열여덟째 날

오늘은 아들들이 기다리고 기다리던 세화오일장이 서는 날이다. 지난번의 실패를 거울삼아 오늘은 그냥 일어나서 씻고 준비하는 대로 아침도 안 먹고 그냥 장으로 가기로 했다. 아침은 장에 가서 먹는 걸로!

10시쯤 도착했는데, 와~ 생각보다 시끌벅적 사람들이 많았다. 나름 구획이 정해져 있어서 수산물을 파는 곳, 채소, 젓갈, 반찬, 청과, 의류, 신발, 생필품, 먹거리 등등을 파는 곳이 나뉘어져 있다. 이것저것 구경에 정신이 팔린 아들들은 자기들끼리 따로 다니겠다며 중간에 먹고 싶은 것이 생기면 전화를 하겠단다.

딱히 필요한 게 없었던 나는 시장을 한바퀴 돌며 이런저런 구경을 했다. 한참 후에 만난 아들들은 그토록 기다렸던 와플 가게를 찾았다. 아주머니가 와플도 굽고, 호떡도 굽고 손이 엄청 바쁘시다. 원하는 와플을 얻은 아들들은 세상을 다 얻은 얼굴이다. 와플을 먹고 나더니 갑자기 시장기가 도는지 분식을 먹자고 한다. 시장 들어오는 입구 첫 가게가 분식집이라 들어가서 떡볶이에 김밥에 어묵에 튀김까지 먹은 아들들은 흡족한 얼굴로 나왔다. 아니 저 조그만 몸집에 뭐가 저렇게 많이 들어가는지 모르겠다. 만족한 아이들은 이제 구경도 다 하고 먹을 것도 다 먹었으니 그만 집으로 가자고 한다.

그래 이제 집에 가면 나는 한 발짝도 안 나오고 집에 늘어져 있을 테다!

집에 돌아오니 그럼 그렇지. 잔뜩 먹은 건우가 화장실로 직행한다. 그러더니 잠시 후에 "엄마~ 변기 막혔어!"

아… 진짜, 야! 이 녀석들아!

오늘은 작정하고 쉬기로 한 날이라 각자 책을 읽기로 했는데, 독서에 영 흥미가 없는 건민이가 자꾸 건우에게 뭐라고 뭐라고 한다. 무슨 일이냐고 물으니 형이 아까 장터에서 과자를 사준다고 했는데 언제 사줄지 얼마짜리를 사 줄지 얘기를 안 해줘서 자기가 물어보는데 형이 대답을 안 해준다는 것이다. 건우에게 왜 대답을 안 해주냐고 물으니 "뭐 건민이가 하는 거 봐서 비싼 걸 사줄 수도 있고, 싼 걸 사줄 수도 있고"라고 답한다.

조금 더 지켜보고 있자니 건민이가 계속 칭얼대는 소리가 들린다.

"이렇게 하면 돼? 이거 하면 사줄 거야?"

아, 내가 세상에서 제일 싫어하는 상황이다.

'하는 거 봐서…', 이것만큼 사람을 비굴하게 만드는 답이 없다. 상대에게서 이런 답을 들으면 나는 어떻게든 상대방의 마음에 들려고 애를 써야 한다. 하는 거 봐서라는 명확한 기준도 없는 잣대를 맞추기 위해 대체 얼마만큼의 노력을 해야 한단 말인가. 그렇게 했다가도 상대방이 "별로 마음에 안 들어서"라고 해 버리면 내 비굴한 노력은 그마저도 아무짝에도 쓸모없는 것이 돼 버린다. 왜 안 들어주냐고 따졌다가는 "내가 언제 꼭 들어준다고 했어? 하는 거 봐서라고 했잖아!"라는 말을 듣기 일쑤다. 부당함을 따지는 것 자체를 허락하지 않는 말이다. '하는 거 봐서'라는 말은.

요즘 들어 둘 사이에 저 단어가 자주 언급되는 것을 보았기 때문에 언젠가 한번은 아이들과 이 문제에 대해서 이야기를 하고 싶었다.

"우리 오늘 할 일도 없는데 대화의 장을 한번 열어 볼까?"
장터에서 사온 과자와 집에 있는 먹을 것들을 차려놓고 우리는 '대화'라는 것을 하기로 했다.

나는 건우에게 "왜 분명하게 어떤 걸 사주겠다고 얘기하지 않고 '하는 거 봐서'라고 대답했어?"라고 물으니 건우는 "그냥, 그럴 때 있잖아. 사줘야겠다고만 생각하고 뭘 사줄지 얼마짜리를 사 줄지 정하지 못했을 때. 근데 건민이가 계속 물어보니까 딱히 대답할 말이 없어서 그렇게 대답한 건데. 그거 잘못한 거야?"

흠. 내가 너무 앞서 나갔다. 그렇지. 그렇게 단순하게 생각할 수 있는데 항상 나는 너무 어른의 시각에서 생각하는 우를 범한다.

아이들하고 차근차근 이야기를 하다 보니 별의별 이야기가 다 나왔다. 건민이가 왜 형에게 자꾸 무엇을 사달라고 할까 알아보니 두 녀석의 소비 패턴이 확연히 차이가 났다. 건우는 용돈을 차곡차곡 모아 꼭 필요한 곳에 쓰는 반면, 건민이는 생기는 족족 필요하지 않더라도 돈을 쓰기 위해 샀다. 그래서 늘 건우는 돈이 있었고, 건민이는 늘 돈이 없어서 형에게 구걸(?)을 하는 입장인 것이다. 한 배에서 나

도 아롱이다롱이라지만 소비도 성향인 건지 분명 나한테서 용돈을 받고 나의 소비 형태를 봐 왔음에도 불구하고 두 녀석은 돈 쓰는 스타일이 달랐다.

얘기 끝에 나는 건우에게 당분간 동생에게 돈을 빌려주거나 물건을 사주지 말라고 일러두었다. 건민이 스스로 돈을 적당히 쓰는 방법을 깨우칠 시간이 필요하다고. 그리고 건민이에게도 돈이 생기면 무조건 절반은 저금을 하고, 사고 싶은 물건이 생기면 하루 정도만 더 참아보라고 했다. 하루를 참았는데도 사고 싶으면 그때 사고, 또 돈

이 없으면 사고 싶어도 살 수 없다는 것도 알아야 한다고.

 얘기가 끝나고 나니 건우가 "엄마, 오늘 대화 유익했어! 난 이래서 엄마랑 대화하는 게 좋더라. 엄마가 우리 얘기를 끝까지 잘 들어주고, 차근차근 설명해 주고, 앞으로 어떻게 할지도 알려주니까 그런게 참 좋아."라고 말한다.

 확실히 애들이 좀 크고 나니 '대화'라는 게 가능하다. 물론 아직 건민이는 어려서 진지한 대화를 나누는 게 쉽지는 않다. 그래도 형이 옆에서 엄마랑 얘기하는 걸 들으면서 자기도 뭔가 알아들은 듯 고개를 끄덕이거나 질문을 하기도 한다.

열여덟째 날 세화오일장 그리고 '대화의 장'

생각해 보면 나는 대화를 하기보다는 일방적인 지시를 많이 하는 편이었다. 어차피 알아듣지도 못할 테니 길게 설명하면서 체력을 소비하기보다는 일방적으로 이렇게 하라고 지시하는 편이 훨씬 경제적이라고 느꼈다. 건우가 순종적인 아이였다면 이 방법도 그런대로 먹혔을지 모른다. 하지만 자율적인 기질의 건우는 자신이 납득하기 전에는 결코 움직이지 않는 아이였다. 그래서 우리는 그렇게 서로를 힘들게 했었던가 보다. 앞으로는 종종 대화의 시간을 가져야겠다.

충분히 듣고, 충분히 설명할 수 있는 시간을 충분히 갖는 것. 서울 가면 해야 할 일이 또 하나 늘었다.

열아홉째 날

우리는
　　왜
제주도에
왔을까?

열아홉째 날

　　　　　　　　　　　오늘은 간만에 날씨가 좋다. 이런 날 바다에 나가 놀아야지 언제 놀겠는가. 이제 본격적인 겨울이 시작되면 바다에 나가 놀 수 있는 날이 며칠 되지도 않을 것이다.

　오늘부터 서울은 날씨가 추워진다고 난리던데, 어제 늦게 잔 탓인지 애들이 늘어진다. 밀린 영어 숙제 빨리 끝내고 오늘 점심은 평대리 맛집에서 한번 먹어 보자고 아이들을 꼬드겼다.

　막상 바다로 나오니 시큰둥하던 아들들도 신나서 바다로 간다. 지난번에 나왔을 때보다 물이 많이 들어와 있다. 제주 바다도 약간의 밀물과 썰물이 있는데 조수간만의 차가 크지는 않다. 그런데 물때가 바뀌었는지 지난번까지는 낮에 물이 빠지고 밤에 물이 들어오는 듯하더니 어제부터는 낮에 물이 들어오고 밤에 물이 빠지는 것 같다.

　물에서 소라게를 잡느라 정신없는 아이들에게 밥 먹을 적당한 식당을 알아보겠다 하고 맛집 찾기에 나섰으나 바다 바로 앞에 있는 성게국수집도 수요일인 오늘이 정기휴일이고, 해물라면과 해물파전이 맛있다던 해물라면 집도 수요일인 오늘이 정기휴일이다. 아, 다시 동네 한 바퀴를 돌아보니 분명 월요일이 정기휴일이라던 튀김을 파는 맛집은 오늘은 개인사정으로 쉰단다.

우리는 오늘 또 점심을 어디서 먹어야 하나.

실망스런 마음으로 아이들이 있는 곳으로 돌아오니 보라방 아이들이 나와 있다. 아침 일찍 어디 나가는 것 같았는데 볼일이 일찍 끝났나 보다. 두 녀석이 놀다 네 명이 노니 훨씬 더 재미있는지 배고픈 줄도 모르고 아이들은 노느라 정신이 없다. 마찬가지로 점심을 먹지 못한 그 집 아이들과 함께 편의점에서 간단히 컵라면을 사 먹이고 따뜻한 음료 한잔씩을 먹였다. 인원이 많아지자 훨씬 흥이 난 아이들은 놀이에 정신이 없고 엄마들은 따뜻한 캔커피 한잔을 마시며 이야기를 나눴다.

보라방 엄마가 "그런데, 제주도는 어떻게 오시게 되셨어요?" 하고 묻는다.

그러게. 나는 제주도에, 그것도 아들 둘을 학교까지 보내지 않으면서 왜 오게 됐을까?

올해 5월, 남편과 시댁일로 갈등이 있었다. 갈등이라기보다 '나만의 분노'라는 말이 맞을 것이다. 이런 일이 있을 때마다 남편은 늘 나에게 '미안하다'라는 말로 일관해 왔다. 미안하지만 어쩔 수 없다는 논리. 대부분의 가정과 마찬가지로 끔찍한 효자인 남편은 나와 시어머니 사이에서 늘 아슬아슬한 줄타기를 하는 사람이다. 일은 시댁에서 터지는데 늘 미안하다고 내 눈치를 보는 사람은 남편이다.

이번 일도 전형적인 그런 일이었고, 나는 더 이상 참을 수가 없었다. 이런 일이 있을 때마다 나는 화가 풀릴 때까지 동네 엄마들과 시댁 흉을 보며 마음을 비우곤 했는데, (친한 동네 엄마들은 다 각각의 애

환들이 있는지라 마음을 터놓고 얘기하면서 친해지고, 그렇게 하면 마음이 좀 가벼워진다) 그것도 반복되다 보니 이젠 더 이상 안 될 것 같았다.

어느 날 남편이 출근하는 아침에 내게 폭탄을 던지고 갔다. 아무리 이성적으로 생각을 해보려고 해도 이해가 안 되는 상황이다. 도저히 이대로는 안 되겠다는 생각이 들어 나는 짐을 싸기 시작했다. 다만 며칠만이라도 이 집을 나가 있고 싶다는 강렬한 열망에 휩싸였다.

잠시 아이들은 어떡할까 하는 생각이 들었지만 아이들을 두고 나가면 남편은 출근을 못할 것이고, 그러면 휴대폰에 열불이 나고 회사에서 곤란해지겠지. 그렇다고 이 일과 직접적으로 연관이 있는 시어머니를 집으로 오시라고 할 수는 없고, 갑자기 친정 엄마를 오시라고 하면 내가 왜 집을 나갔는지 설명해야 하는 복잡한 상황이 벌어질 것이다. 그렇다면 남편은 왜 내가 이렇게까지 하는지 이해하기보다는 정말 시쳇말로 열 받을 것이다. 아무리 생각해 봐도 이건 그냥 "나 엿 먹으라는 얘기지?"라고 밖에 받아들이지 못할 것이다.

내가 원하는 건 그런 게 아니다. 정말 마음속 깊이 내가 왜 이러는지, 나를 이렇게 힘들게 하면 어떤 결과가 있을지, 내가 정말 더 이상 못 견디겠다고 당신 곁을 떠나버릴 수도 있다는 것을, 그러면 그 이후의 과정은 어떻게 될지 남편이 깊이 있게 생각해 주길 바랐다. 그래서 아이들도 데리고 나가기로 마음을 먹었다.

지금까지 나는 사람은 혼자 살 수 없는 존재이고, 조직과 집단을 이루며 사는 거라면 거기에 맞는 규칙이 존재해야 하며, 그 규칙 안에서 최대한의 자유를 보장하는 것이 민주주의라고 믿어 의심치 않았다.

나는 개인의 자유를 최대한으로 보장하는 것이 민주주의라지만, 때로 개인은 집단을 위해 기꺼이 자신의 행복을 뒤로 미룰 줄도 알아야 한다고 생각하는 사람이다. 건우가 초등 4학년이 될 때까지 나는 체험 보고서 한 장을 내본 적이 없었다. 종종 여행을 가는 편이지만 항상 일과를 빼지 않는 선에서 떠났고, 남편 또한 늘 회사 일이 바빠 월차 연차 이런 것은 꿈도 꾸지 못했기 때문에 긴 연휴의 새벽에 떠나거나, 오밤중에 돌아오거나 했다.

그런데 그날 처음으로 나는 체험보고서를 내고 정해진 기간도 없

열아홉째 날 우리는 왜 제주도에 왔을까?

이, 정해진 장소도 없이 무작정 아이들을 이끌고 집을 나왔다. 지금껏 계획 없이 움직여 본 적이 없는 나였다. 내가 융통성과 순발력이 없는 편이라 무엇이든 계획 없이 움직였다가 예상치 못한 상황이나 일을 겪게 되면 몹시 당황하고 어수선해지는 편이라, 내가 감당할 수 없는 상황에 처하는 것을 몹시 두려워한다.

그런데 떠났다. 여러 우여곡절 끝에 결국 밤 9시에 출발을 했고, 정동진에 도착하니 자정이 넘었다.

그렇게 정동진을 시작으로 경주, 삼척, 동해로 이어지는 3박 4일의 여행은 내가 생각했던 것 이상으로 정말 즐겁고, 재밌었고, 심지어 행복하기까지 했다. 남편한테 말도 없이 그냥 나와 버린 터라 저녁에 집으로 돌아온 남편에게서 여러 번의 전화와 문자가 왔지만 그냥 무시해 버렸다.

이튿날 너무 재미있어서 차라리 미안해진 나는 남편에게 당신에게 미안할 만큼 우린 행복하게 잘 지내고 있다. 마음이 풀리면 집으로 갈 테니 걱정 말고 기다리라고 답을 했다.

집으로 와서 남편과 이런 저런 대화를 나누며 마음이 많이 풀렸다. 그리고 이번 여행이 왜 특별히 더 좋았을까를 생각해 보았다. 나는 분명 무척 화가 났었고, 그걸 감당할 수가 없어서 나간 건데, 화가 나서 나간 게 무색할 만큼 행복했던 이유가 무엇일까 생각해 보니 아무 계획이 없었기 때문이었다.

여행을 다니면 항상 촘촘히 계획을 짰기 때문에 그 계획대로 하려면 일찍 일어나야 하고, 많이 걸어야 하고, 편히 잠을 못 자니 늘 피곤

했다. 그래서 여행에서 돌아오면 늘 파김치가 되곤 했다. 정신과 육체가 건강해진 것 같긴 한데 몹시 피곤한 극기 훈련을 다녀온 느낌이랄까?

그런데 그냥 정처 없이 되는 대로 먹고, 되는 대로 자고, 발길 닿는 대로 가자고 마음먹고 떠나오니 우선 아이들에게 잔소리할 이유도 없고, 그야말로 자유 그 자체였다.

어쩌면 나는 규칙을 좋아하는 게 아니라, 자유분방한 사람이었는데 그 기질과는 다르게 살아온 것이 아닐까?

나는 남편에게 '직장을 다니지 않는 아내는 집에서 애들 가르치고, 열심히 저축해서 대출금도 갚고, 집도 조금씩 넓히고, 그렇게 남편의 짐을 덜어주는 것이 아내의 의무와 책임 또는 살림하는 사람의 몫이라고 늘 생각해 왔다. 그래서 내가 입을 거 먹을 거 아껴가며 알뜰히 살았는데 이제 그렇게 살기 싫다. 아낀다고 내 것이 되지도 않고 늘 엉뚱한 곳으로 흘러가 버리니 나도 이제 지쳤다. 이제 저축도 줄이고 여유 있게 살고 싶다. 적어도 분기에 한번은 애들하고만 자유롭게 여행을 가고 싶다. 그 전에는 학교 빠지는 것도 그렇고, 당신 휴가에 맞추느라 제대로 즐기지 못하지 않았냐'고 했다.

남편은 전적으로 내 뜻을 받아주었다. 그러다가 남편이 업무 관계로 알게 된 사람의 아내가 애들만 데리고 제주도에서 한달살이를 했는데 정말 좋아서 그 뒤로는 일주일의 여름휴가를 자기가 묵었던 그 집으로 간다더라는 얘기를 했다.

그러면서 당신도 다음 분기에는 애들하고 제주도에 한 번 가는 게 어떻겠느냐는 얘기가 나왔고, 2주를 가네, 3주를 가네 하다가 그럼

열아홉째 날 우리는 왜 제주도에 왔을까?

우리도 한달살이를 해보자는 얘기가 나왔다.

처음 한달살이 얘기가 나왔을 때만 해도 나는 자신이 없었다. 그리 순한 애들이 아닌 두 녀석을 데리고 남편도 없이 한 달 간 집 밖에 나와서 과연 잘 살 수가 있을까?

그런데 그 즈음 또 한가지 사건이 터졌다.
학교 영어 시간에 자꾸 우는 건우 때문에 어떻게든 영어 공부를 따로 시킬 수밖에 없었다. 건우는 차라리 엄마가 가르치라고 하지만, 문법이나 시험공부를 하는 게 아니고 회화는 원어민 정도의 발음을 해야 하는데, 그건 내가 할 수 없는 부분이었다. 학원은 죽어도 싫다고 하고, (그나마 학원도 건우 또래의 아이들과는 실력 차이가 너무 나서 건우는 완전히 유치원 아이들하고 같이 공부를 해야 하는 정도다.) 집에서 할 수 있는 영어 공부에 대해 이것저것 알아보고 적당하다 싶은 것을 시작했으나 어느 정도 시작하다 어려워지기 시작하면 건우는 어김없이 짜증을 부리고 눈물을 뚝뚝 흘리면서 책상에 버티고 앉아 있기 일쑤였다. 수준이 너무 높아서 그런 것 같아 다시 다른 교재를 찾아 시작하면 어김없이 또 그 기간이 찾아왔다. 결국 마지막으로 선택한 것이 EBS 초등 영어였다. 그러나 이번에도 고비는 찾아왔고 나는 더 이상 봐 줄 수가 없었다. 또 눈물을 흘리며 버티고 앉아 있는 건우에게 그동안 쌓아왔던 분노가 한꺼번에 터지고 말았다.

"너 정말 해도 해도 너무 한다. 네가 이것도 하기 싫다 저것도 하기 싫다 해서 엄마가 그동안 계속 너한테 더 맞는 거 찾아 줄려고 그렇게 노력했잖아. 이번이 마지막이라고 더 이상 못 봐준다고 했으면 너도 그만 해야지 정말 너무 하는 거 아니야?"

"도대체 왜 영어 공부를 해야 되는데? 내가 외국사람하고 대화를 나눌 일이 있는 것도 아니고, 그렇다고 내가 외국에 나가서 살 것도 아닌데 왜 힘들게 영어 공부를 해야 되는데?" 하고 건우도 대거리를 했다.

지금까지 왜 영어 공부를 해야 하는지 수도 없이 설명했으나 아이는 마음으로 받아들이지를 못했다. 그러니 매번 이 사단이 났다. 나는 더 이상 화를 낼 기력도 없고 차분히 설명할 기분도 아니어서 "그래, 하기 싫으면 다 때려 쳐. 사람이 어떻게 지 하고 싶은 것만 하고 살아? 그래 그냥 영어 공부고 뭐고 다 때려 쳐. 대신 너 좋아하는 태권도도 못하게 하고 수영도 못하게 할 테니까 그렇게 알아!" 하고 소리를 지르고 밖으로 나와 버렸다.

더 이상 같이 있다가는 뭔 일이 나도 날 것 같았다. 한참 동네를 돌며 방황하다 들어오니 그 새 마음이 진정이 됐는지 건우는 앉아서 영어 공부를 하고 있었다. 모른 척하고 방으로 들어왔는데 화장대 위의 내 물건들이 내가 정리해 놓은 상태가 아니다. 가지런히 놓여 있지만 이건 분명 다른 사람의 손을 탄 흔적이 보였다. 조용히 건민이를 불렀다. 건민이는 울었는지 눈이 빨갛게 충혈 돼 있었다.

"건민아! 누가 엄마 화장대에 손댔어?" 하고 물으니 건민이가 울면서 대답했다.

"형이 엄마 나가고 나서 화난다고 엄마 방에 들어와서 화장대에 있는 화장품 다 집어던졌어. 엄마, 엄마 왜 자꾸 형이랑 싸워? 그렇게 싸우고 엄마는 나가버리고 형은 여기 와서 막 소리 지르면서 물건 집어던지고. 그럼 나는 정말 무서운데. 세상에 나만 혼자 남겨진 것 같고 그럴 땐 나는 진짜 내가 이 세상에서 없어졌으면 좋겠다는 생각이 든단 말이야."

머릿속이 하얘지고 땅이 꺼지는 것 같은 느낌이 어떤 것인지 나는 분명히 알았다. 건우는 평범한 아이가 아니다. 윽박지른다고 말을 듣는 아이가 아니다. 나는 건우랑 더 이상 싸우고 싶지 않았다. 이제 건우와의 싸움이 단지 건우와 나만의 문제가 아니라 건민이에게까지 영향을 끼쳤다. 부부싸움이 잦은 부모의 아이들이 불안하듯이 건민이도 정서가 불안해지기 시작했다. 건우를 키우기 쉬운 아이로 바꾸려고 했던 나의 욕심이 우리 모두에게 상처를 준 셈이었다. 그렇다면 내가 변하는 수밖에 없다. 그런데 여기서는 안 되겠다. 이 일상이 반복되는 곳 말고 다른 곳에서 다르게 시작해야 했다.

그래서 나는 제주도로 떠나기로 마음을 굳혔다!

남편이 적극적으로 행동에 나서 집을 알아보고, 배편을 알아보고 그러면서 이 믿을 수 없는 일이 현실로 되었다. 여행이 아니라 살러 간다는 생각에 나는 참고가 될 책 한 권도 읽지 않고 아무 계획도 세우지 않았다.

그렇게 서울을 떠나 온 제주 생활이 어느덧 19일째다. 평화롭기도 하고 다사다난하기도 했던 하루하루. 걱정이 많았지만 그래도 지금까지 우리는 그런대로 잘 지내온 듯하다. 앞으로 또 어떤 일이 있을지 기대가 되기도 한다.

오늘 오후 비행기로 엄마와 올케, 그리고 올케의 두 아들들이 이곳으로 온다. 워낙에 돌아다니는 걸 좋아하는 엄마와 돌아다니는 것보단 가만히 앉아 자연 속에 녹아들고자 하는 취향을 가진 올케, 그리고 정말 손 많이 가는 9살 김지율과 7세 김지오!

이 모두를 만족시키려면 어떻게 해야 할까 자못 고민이 깊어진다.

스무째 날

제주민속
오일장을
가다

스무째 날

아침부터 일곱 식구가 움직이려니 북적북적 난리도 아니다. 되는대로 아침을 해 먹고 날씨가 좋아서 아이들은 바닷가로 나갔다. 어른들은 집안을 정리하고 평대리 마을 구경에 나섰다. 나야 이 길을 여러 번 오갔지만 언제 보더라도 평대리 바다 색깔은 정말 예쁘고 평대리 마을은 고요하고 평안했다.

엄마와 올케는 같은 나라 안에서도 살아가는 삶의 방식이 이렇게 다를 수 있나 매우 놀라워했다. 역시나 평대리 마을을 구경하는 도시 사람들의 반응은 언제나 한결같다.

바닷가에 나갔던 아이들은 옷이며 신발이며 모래투성이에 홀라당 젖어서는 오들오들 떨며 들어왔다. 벗기고 씻기고 입히고 하는 동안 한바탕 소란이 일어난다. 우리 집 녀석들도 보통은 아니지만, 이제 9살, 7살인 우리 조카들도 정말 보통이 아니다. 나야 어딜 봐도 사내아이 둘 이상 키우는 엄마로 보이지만, 우리 조카들은 목소리도 작고 성격도 무른 올케가 감당하기엔 버거운 녀석들이다.

어찌나 손이 많이 가는지 뭐 하나라도 자기들 손으로 하는 게 없이 끊임없이 자기 엄마를 불러댄다. 그러니 체력도 그다지 좋지 못한 올케는 하루 종일 동동거리기 바쁘다. 딴에는 손을 가리는 녀석들이라 고모인 내가 도와주거나 할머니인 우리 엄마가 도와주는 건 싫어

스무째 날 제주민속오일장을 가다

하니 이거야 원, 도와주지도 못하고 동동거리는 모습을 보기만 하자니 여간 민망하지가 않다. 좀 너무하다 싶어 "너네들 엄마한테 왜 그러냐?"고 한마디 했다가는 삐치기까지 해서 저희 엄마가 달래려면 또 한참이 걸린다.

어려서부터 우리 아이들은 심하게 독립적이었다. 무엇이든 자기 손으로 해야 직성이 풀리는 아이들이라 그것이 매번 문제였다. 숟가락질을 배우기 시작할 때, 양치질을 배우기 시작할 때, 혼자 샤워를 시작할 때, 혼자 머리 감기를 시작할 때 등등 무엇이든 혼자 시작할 때 섣불리 도와주려고 했다가는 빽빽 소리치며 울거나 둘러엎고 처음부터 다시 시작하는 경우가 대부분이었다.

아직 어설프니 자기가 하고 나면 뒤처리할 일이 끔찍하여 도와주거나 급해서 내가 해버리면 결국엔 사단이 났다. 어찌 보면 그래서 아이들이 좀 더 내 손을 일찍 벗어나기도 했고 그래서 내가 좀 더 편하기도 했는데 그땐 그걸 몰랐었다.

그런데 이번에 우리 아들들과는 정 반대인 조카들을 보니 참 새삼스럽기도 하고 올케가 많이 힘들겠다 싶다.

한바탕 소동이 끝난 후에 오늘은 제주시에서 민속 5일장을 여는 날이라 제주시로 나가기로 했다. 가서 장을 구경하고 오는 길에 지난번에 갔던 횟집으로 가서 저녁을 먹고 오기로 했다.

장터로 가기 위해 준비를 하는 사이 조카 두 녀석이 싸우기 시작했다. 삐지기 대장 지오는 장터를 가지 않겠다고 버티고, 영혼 없는 사과의 일인자 지율이는 사과를 했는데도 동생이 받아주지 않는다며 나 몰라라 한다.

'으이구, 이것들을 그냥….'

건우가 자기가 달래서 데려갈 테니 밖에서 기다리라고 하여 우리는 먼저 나왔다. 가끔 이럴 때 나는 건우가 안쓰럽다. 아빠가 장남이고 엄마가 장녀라 은연중에 우리의 유전자가 큰 녀석에게 간 걸까. 건우는 유난히 어린 동생들을 잘 챙겼다. 특히나 손 많이 가는 조카들을. 그래서 올케는 건우 덕분에 그래도 자기가 덜 힘이 든다고까지 한다.

하지만 굳이 안 그래도 되는데 그렇게 벌써부터 큰 놈 몫을 하려고 하는 걸까. 그렇게 하지 않아도 인정받고 사랑받을 수 있는데 왜 벌써부터 그런 책임을 지려고 하는지 나는 그게 별로 좋지 않았다.

생각해 보면 어린 시절의 나도 그랬던 것 같다. 누가 시켜서라기보다 동생들 잘 챙기고 부모님 힘들지 않게 알아서 내 할일 챙기면 어른들이 기특하다 잘했다 칭찬하는 게 좋아서 더 잘하려고 하고, 철든 척을 하고 그러지 않았을까. 그런 생각을 하고 보니 의젓하게 구는 건우가 더욱 안쓰럽다.

어찌어찌 장터에 도착하고 보니 생각보다 장이 정말 커서 깜짝 놀랐다. 세화장보다 5~6배는 큰 듯하다. 흔하게는 의류부터 신발, 채소, 과일, 생선, 제주도 특산물에 진짜 없는 거 없이 다 판다고 해야 하나? 심지어 살아있는 굼벵이까지 팔아서 지나가다 깜짝 놀랐다. 중간에 정말 집토끼를 파는 곳도 있었고, 어떤 할머니는 강아지를 데리고 나와 무료 분양이라고 바구니에 담아 놓으셨지만 안타깝게도 분양 받아 가는 사람이 없었다.

스무째 날 제주민속오일장을 가다

역시나 독립심이 강한 나의 아들들은 각자 자기가 알아서 구경을 하고 정해진 시간에 차가 있는 곳으로 오겠다고 한다. 찾다 못 찾으면 전화를 하기로 했다. 반면 엄마 껌딱지인 조카들은 자기 엄마와 한편으로 움직이고 나랑 엄마가 한편이 됐다.

정신없이 구경을 하고 엄마는 갈치와 고등어를 샀다. 어차피 집에서 아침을 해 먹으니 구워서 반찬으로 먹으면 한 끼가 해결된다. 시장에서 생선을 파는 상인 분들이 참 친절하셨다. 제주도에 있으면서 느끼는 거지만 제주도 사람들은 참 친절하다. 보통은 뜨내기 사람들에게 친절하기가 쉽지 않은데 식당을 가든 가게를 가든 장터를 가든 주인 분들이 항상 친절했다.

제주 은갈치는 눈이 부실 정도로 빛이 났고, 제철을 맞은 고등어는 완전 통통하게 살이 올랐다. 서울에서는 볼 수 없는 진짜 통통한 고등어다.

구경을 끝내고 모이고 보니 아이들이 앵무새 파는 곳을 보지 못했다길래 마지막으로 가서 다 같이 가서 보고 저녁을 먹으러 가기로 했다. 조금 헤맨 후에 앵무새 있는 곳을 찾으니 거기는 앵무새만 있는 것이 아니라, 애완용 토끼, 기니피그, 햄스터, 집에서 키우는 거북이와 물고기 등등 애들이 좋아할 만한 아이템들이 무궁무진하다. 내내 살 것도 없고 다리도 아픈 장터에는 왜 왔냐고 투덜거리던 조카들의 눈이 완전 반짝반짝 빛난다. 역시 아이와 동물은 변함없는 진리다.

아이들이 질릴 때까지 동물을 보고 식당으로 서둘러갔다. 푸짐한 횟집 한상차림을 배터지게 먹고 집으로 와서 아이들은 텔레비전을 보면서 쉬라고 하고 우리는 월정리로 나갔다. 역시 컴컴하여 아름다운 바다는 보이지 않지만 그래도 분위기 좋은 카페에서 커피 한잔씩 마시기로 하고 벌집모양으로 특이하게 생긴 브런치 카페로 들어갔다.

7시 30분쯤 카페로 들어가니 9시까지 영업이라고 8시 40분쯤 정리해서 나가셔야 한다길래 그러겠다고 하고 주문을 했다. (역시 이 대목에서 엄마와 올케도 기절할 듯 놀란다. 이렇게 좋은 곳에 이렇게 큰 가게를 차려놓고 세상에 9시에 영업이 끝이라니!) 그런데 대기표로 주는 것이 나무로 만든 연예인 이름표다.
 송중기, 소지섭, 박보검, 기타 등등. 아, 이런 아이디어 괜찮은데?
 계산을 마친 올케는 '문재인'을 들고 왔다. 아주 칭찬해!
 나는 개인적으로 배우 유아인을 가장 좋아하는데 유아인 이름표가 없어서 매우 섭섭했다.
 '아니, 왜 우리 유배우 이름표는 없는 거야!'

2층에 올라가 자리를 잡으니 카운터에서 '송중기님~' 하고 부른다. 한 청년이 몹시 부끄러워하며 커피를 가지러 간다. 그렇게 부끄러워 할 거면 왜 송중기를 골랐을까. 그런데 이상하게도 커피를 가지러 가는 청년의 얼굴을 한번 흘깃 보게 되는 이 심리는 뭐지?
 우리끼리 제주도의 아름다움에 대해 수다를 떠는 사이에도 송중기는 여러 번 불렸다. 요즘 핫한 연예인이 누구인지 단박에 알겠다.

짧은 외출을 마치고 돌아오니 아이들이 기특하게도 공부를 하고

스무째 날 제주민속오일장을 가다

있었다. 이게 웬일? 지율이가 제주도에 가서 건브라와 공부를 하겠다며 문제집을 싸왔다더니 시키지도 않고 심지어 텔레비전을 보며 놀고 있으라고 했는데도 그저 공부가 하고 싶었다며 수학 문제집을 여러 장 풀어놓았다. 가끔 이런 날도 있구나!

우리 집 녀석들은 그래도 친척들이 와서 마음이 편한지 자기들이 먼저 장기자랑을 하겠다고 나선다. 오늘 왜들 이래? 워낙에 숫기가 없는 조카들은 그대로 구경을 하기로 하고 우리 집 놈들은 겨루기 쇼(요즘 한창 밀고 있는 쇼다. 태권도 동작 몇 개를 응용하여 짧은 겨루기 쇼를 만들었다)와 짧은 단막극 하나를 했다. 평소에 다른 사람들 앞에서 하라고 하면 싫다고, 왜 그런 걸 시키냐고 투덜거리는데 오늘은 웬일인지 자기들이 먼저 하겠다고 저런다.
 박수와 용돈으로 쇼를 마무리하고 오늘 하루를 마감했다. 아이들이 넷이나 돼서 그런지 유난히 피곤한 하루였던 것 같다.

스무째 날 제주민속오일장을 가다

스물한째 날

1미터 피자와 로봇스퀘어

스물한째 날

아침을 먹을 때까지 진눈깨비가 흩날렸는데 밥을 먹고 나자 햇볕이 들기 시작한다. 바람이 좀 불기는 하지만 기온이 낮은 편은 아니어서 바깥 활동이 아주 불가능할 것 같지는 않다. 그래서 오늘은 성산일출봉에 갔다가 거기서 우도 가는 배를 타고 우도섬을 한 바퀴 돌기로 했다.

서둘러 준비를 마치고 성산까지는 해안도로를 타고 조금 천천히 달렸다. 제주도 바다는 볼 때마다 감동적이다. 잔잔하게 고여 있는 것처럼 보일 때나, 그야말로 포효하는 사자같이 파도를 칠 때나 나름의 아름다움이 있고, 바다의 색은 완전 파란색이 아니고 에메랄드 빛이라 신비감마저 든다. 감탄에 감탄을 더해 가며 성산에 도착하니 바람이 부는 날씨임에도 사람들이 꽤 많았다.

지난주에 아빠가 왔을 때 함께 오르려 했으나 건민이의 강력한 거부로 오르지 못했는데 오늘은 땡깡의 막강 주자 지오가 있어서 과연 일출봉을 오르는 게 가능할 지 걱정이다. 우리 집 아들들에게는 오늘 일출봉을 끝까지 잘 오르면 말타기 체험을 시켜주겠다고 달래고, 말타기 싫다는 지오에게는 일출봉에서 내려오면 배 타고 우도에 갈 건데 우도에 가면 전기자전거가 있다더라, 일출봉에 끝까지 다 오르면 너만 그걸 태워주겠다고 하니 솔깃해한다. 성산일출봉은 해발 180미

터로 대략 오르는데 왕복 50분이면 가능하다고 하니 그리 힘든 여정은 아닐 것이다.

원래 높은 곳에 오르고자 하는 것이 인간의 본능인 걸까? 위로 오르고 오르면서 한 번씩 뒤돌아볼 때 내려다보이는 제주도의 모습에 이상스레 가슴이 시원하게 뚫리는 기분이다. 정상에 올라서니 '야~~ 여기에 올라앉아 바다 위에서 바로 떠오르는 태양의 모습을 보게 된다면 그야말로 경이롭겠구나!' 하는 생각이 든다.

사방으로 탁 터진 공간과 바다 위로 떠오른 태양이라. 그것도 1월 1일에 새로운 태양을 보게 된다면 그 한 해는 정말 모든 일이 술술 잘 풀려나갈 것 같은 그런 느낌이 들 것이다. 걱정했던 것과는 달리 건민이는 동갑내기 지율이와 앞서거니 뒤서거니 하면서 수다를 떨며 올라가고, 떼쟁이 지오는 할머니와 자기 엄마의 격려와 칭찬과 환호 속에 으쓱대며 잘 올라갔다.

생각보다 씩씩하게 일출봉을 잘 오른 아이들에게 말을 태워주러 갔으나, 말은 보이는데 말 태우기 체험을 주관하는 담당자를 아무리 찾아봐도 찾을 수가 없다. 어찌된 일이지? 출입구에 가로질러져 있는 긴 장대를 보더니 건민이가 말한다.
"엄마, 여기 이렇게 막대 하나가 가로놓여 있는 것은 지금 사람이 없다는 뜻이랬어. 그러니까 오늘 말 타기는 안한다는 얘기지."
아, 그렇구나. 어디선가 바자문과 정낭에 대해 들은 모양이다. 말 타기를 못한 대신 우도에 가서 전기자전거를 태워주겠다고 아이들을 달래서 우도 가는 배를 타러 성산항으로 향했다.
성산항은 제법 큰 항구인지 배들이 많았다. 그런데 이상하게 여객터미널로 가는 길이 무척이나 한산하다. 아뿔싸, 오늘 기상악화로 우도 운항을 중지한다는 형광판이 반짝반짝 빛나고 있다. 이래서 차가 한 대도 없었구나. 바람이 그렇게까지 강해 보이지 않아 이 정도 바람에 배가 뜨지 못할 수도 있다는 생각은 전혀 해보지 않은 터라 몹시 당황스럽다.
아이들은 이제 거의 울상이다. 아, 이걸 어쩌나. 무언가 아주 재미난 일을 제안하지 않고는 그냥 못 넘어갈 것 같다. 핸드폰을 뒤지고, 여행 안내 책자를 뒤지다 발견한 곳은 로봇스퀘어!
2층엔 돌하르방 피자라고 1미터짜리 피자가 나오는 곳으로 유명하고, 1층 로봇스퀘어에서는 아이들이 엄청 좋아해서 몇 시간씩도 논다

고 하니 아이들이 좋아하는 음식도 먹고 놀이도 할 수 있는 곳이라 좋을 듯했다. 카페도 연결돼 있어서 아이들이 노는 동안 2층 카페에서 커피를 마실 수도 있다고 한다. 게다가 집에서 가까워서 거기서 놀고 근처에서 저녁까지 먹고 집으로 돌아가면 안성맞춤이다. 모두 만장일치로 그곳으로 가기로 했다.

식사 시간이 한참 지나서인지 식당에는 사람이 없었다. 우리는 어른 셋에 아이 넷이니 1미터 피자는 너끈히 먹을 수 있을 듯하다. 독특하게도 정말 세로 1미터 피자가 나오자, 애들은 신이 나서 소리를 꽥꽥 지른다. 피자는 불고기, 고구마, 김치, 감자 맛으로 4가지다. 역시 아이들에게 가장 인기 있는 것은 불고기와 고구마. 김치 피자는 조금 매운 편이라 아이들 입맛보다는 느끼한 것을 잘 못 먹는 나 같은 사람에게 딱 맞는 맛이다. 식사 시간이 늦어서 배가 많이 고프기도 한데다 피자집으로 올라오면서 로봇스퀘어를 흘낏 봤던 아이들은 순식간에 피자를 먹어 치우고 빨리 1층으로 내려가자고 조른다.

1층으로 내려와 보니 와아 신세계가 펼쳐진다. 전형적인 문과 스타일인 나는 사실 우주나 과학, 로봇 이런 분야로는 영 취미와 재능이 없다. 1관에는 악기를 연주하는 로봇이나 내가 그림으로 그린 로봇이 실제 살아 움직이는 것처럼 영상으로 나타나는 모습. 헤엄치는 물고기 로봇과 사람처럼 움직이는 로봇들이 전시되어 있다.

2관으로 가기 전에 로봇을 타고 스틱으로 움직이는 로봇체험이 있었는데 애들이 완전히 넋을 잃는다. 직접 로봇을 타는 기분은 어떤 것일까? 사실 나도 해보고 싶긴 했으나 어린이용이라 그런지 내가 타기엔 자리가 무척이나 작아 보여서 그냥 참았다. 옛날 만화영화 태권V에 나오는 훈이처럼(물론 우리 아이들은 태권V를 잘 알지도 못하고, 그 로봇을 조종한 사람이 훈이라는 사실은 더더욱 모르겠지만) 로봇을 자신이 직접 조종하는 것만큼 짜릿한 경험도 없을 것이다. 미사일도 쏴보고 공격도 해보지만 로봇을 조정하는 게 쉬운 일은 아닌 듯하다. 5분 정도 밖에 안 되는 짧은 시간 동안 앞으로 뒤로 가기만 하다가 시간이 끝나 버렸다고 애들이 투덜투덜한다.

2관으로 오니 한쪽에 종이 로봇을 오려서 조립하는 코너가 있고, 다른 한쪽엔 방과 후 로봇 창의 시간에 했던 과학 상자가 있어 로봇을 조립할 수 있는 코너가 있었다. 그 뒤쪽으로는 내가 어릴 때 하고 놀

앉던 겔로그, 테트리스 등 추억의 게임이 있는 오락실이 조그맣게 있었다. 건우, 건민, 지율이는 과학 상자를 하나씩 붙잡고 로봇을 조립하겠다고 한다. 지오는 아직 혼자 조립을 할 능력이 되지 않아 오락실에서 조금 놀고 3관으로 이동했다.

3관은 또 다른 세상이다. 코딩프로그램을 이용한 여러 가지 체험을 할 수가 있었고, 로봇으로 공 옮기기, 축구하기, 로봇 격투기, 자동차 경주, 기타 등등 무궁무진하게 할 게 많았다. 누가 아이들을 데리고 로봇스퀘어에 가면 5~6시간은 충분히 놀 수 있다고 했었는데 그게 무슨 말인지를 알겠다.

지오는 숫기도 없는데다 혼자 놀 수가 없어서 계속 올케가 따라 다녀야 했고, 손주들 때문에 오기는 했으나 이런 장소에 영 흥미를 느끼지 못하는 엄마 때문에 일단 나는 엄마와 커피숍으로 올라갔다. 올케는 조카와 함께 놀다가 오든지, 아니면 내가 교대를 해주든지 하기로 했다.

커피숍으로 올라오니 몇몇 가족이 보인다. 아무래도 1층 로봇스퀘어 때문에 가족 단위 방문객이 많은가 보다. 통유리로 시원한 바다가 내다보이는 곳에서 커피를 한잔 마시니 기분도 그럴 듯하다. 아래 체험관에서 약간 답답하고 지루했던 엄마는 바다가 보이니 마음이 트이는 모양이다.

갑자기 "딸 덕에 내가 이런 데를 다 와보고 호강하네." 하신다.

"뭘, 내가 비행기 티켓 끊어서 여행시켜 드린 것도 아니고, 나 여기 와 있는 동안 엄마가 온 건데."

"그래도 네가 이렇게 와 있으니까, 네 핑계 대고 나도 오는 거지, 안 그랬으면 내가 생각이나 했겠어? 주변에 물어봐도 딸이나 아들이나 며느리나 이렇게 한 달씩 제주도에 와 있고 그런 사람들 없더라. 역시 내 딸이 참 대단하구나 생각했어. 역시 사람은 많이 배워야 해. 그래야 세상이 얼마나 큰지 넓은지도 알고, 이런 경험이 얼마나 소중한지도 알고, 이렇게 할 용기도 낼 수 있고 그런 거 같아. 그때 힘들긴 했지만 너를 대학까지 가르친 건 참 잘 했다고 생각한다. 한편으론 너는 더 많이 공부하고 싶어 했는데 그렇게 뒷바라지 못해준 게 늘 마음에 걸렸어. 지금도 네가 잘 됐고 잘 살고 있지만 부모가 뒷바라지를 좀 더 잘 해줬으면 너는 뭐가 됐어도 됐을 앤데. 내 딸이어서가 아니라 너는 진짜 그냥 집에서 썩기엔 너무 아까워."

어느 부모에게나 아깝지 않은 자식이 어디 있으랴. 특히나 사회 진출해서 한참 승승장구할 30~40대에 결혼하고, 육아 때문에 집에 주저앉아 버린 재능 있는 딸들을 보는 부모의 마음은 다 한결같겠지.

우리 집은 매우 봉건적이었다. 내가 중학교에서 고등학교를 갈 때도 아빠는 상고나 가서 얼른 취직해 돈이나 벌지, 계집애를 가르쳐서 어디다 쓰냐고 인문계 고등학교를 가지 못하게 했다. 결국엔 원서 쓰는 마지막 날에서야 학교 담임선생님의 전화를 받고 마지못해 도장을 꺼내주셨다. 그다지 뛰어난 성적이 아니어서 고등학교 내내 나는 문제집 한 권을 살 때마다 눈치가 보였고, 학원을 가는 것이나 독서실을 끊는 것도 최소한으로 했었다. 그때 나는 내가 나중에 자식을 낳으면 돈이 없어서 무엇을 못해 주는 부모는 되지 말자는 다짐을 하기도 했다.

고 3때 대학 원서를 쓸 때에는 아빠와의 갈등이 더욱 심했다. 겨우 수도권에 있는 지방 분교를 갈 성적 밖에 안 되는 데 뭐하러 대학을 가냐고 반대가 이만저만이 아니었다. 며칠을 울고불고 (지금도 그때를 생각하면 정말 서럽다. 내가 너무 많은 고민을 하니 교회 다니는 친구들이 점심시간에 교실 한구석에 둥그렇게 앉아서 통성 기도를 해주기도 했다) 마지막 날 오늘까지 도장을 안 가져가면 원서를 못 쓴다고 울면서 학교 가는 나를 엄마가 쫓아와서 훔친 아빠의 도장을 주었다. 그걸로 도장 찍고 대학 가라고.

대학 합격 통지를 받은 날, 아빠는 너 결혼할 자금으로 대학가는 거니까, 학교 졸업하면 취직해서 시집은 네가 벌어서 가라며 등록금을 주셨다.

그렇게 공부하고 싶다고 기를 쓰고 간 대학에서 나는 학생운동의 길로 들어섰고, 졸업도 제때에 하지 못하고 졸지에 전과자 신세가 되었으니 아빠와 엄마의 절망은 이만저만이 아니었을 것이다. 남들은 4년 다니던 대학을 5년씩이나 다니면서도 형편없는 성적으로 대학을 마친 나는 학원 강사 생활을 시작했다.

그때는 우리나라 경제 활성화를 위해 사교육 시장 규제가 대폭으로 풀린 그야말로 학원가의 부흥기였기 때문에 대학 졸업장만 있으면 누구나 강사가 될 수 있었고, 나는 대략 모든 학원 강사들이 거치는 과정으로 처음엔 보습학원에서 초중등 국어를 가르치다 입시학원으로 옮겨 중고등 국어 강사를 하다가 전문입시 단과 학원으로 옮기면서 고등부 언어 논술 전임을 했다.

그렇게 돈을 벌었고, 그 와중에 우리 집은 생각지도 않은 횡액을 당하여 가족들이 뿔뿔이 흩어져 사는 초유의 사태를 맞이했다. 그 때 사교육 시장에서 내가 벌어들인 돈은 동생들 학비로, 생활비로 들어갔다. 그래서 부모님은 지금도 나를 듬직하게 생각하고, 미안한 마음과 더불어 기특한 마음으로 바라보신다.

한때 이 모든 짐들을 다 벗어버리고 중국으로 유학을 가고 싶었던 적이 있었다. 학생시절 데모 꽤나 했던 내가 부조리한 교육 현실 속에 있는 사교육 시장에서 밥벌이를 하는 것이 버거웠고, 장녀로서의 역할도 내려놓고 싶었다.

어느 정도 생활이 안정된 것 같아 중국으로 유학을 가고 싶다고 했더니 아빠는 "네가 중국 땅에 발을 딛기 전에 내 부고장 먼저 받을 줄 알아라!"면서 협박 아닌 협박을 하셨다.

아빠는 그 때 왜 그러셨을까? 겉으로 말씀하시기는 "지금부터 돈 벌어서 시집가야지. 그나마 지금 조금 돈 모아놓은 걸로 홀랑 유학이라고 가버리면 나중에 시집은 뭘로 갈 건데? 그때 나한테 손 벌리려고 그러냐? 내가 언제까지 이렇게 자식들 뒷바라지하고 빚 갚고 그래야 되겠냐?"

그 말이 참 아팠다. 아빠는 왜 한번도 내가 왜 유학을 가고 싶은지, 내가 진짜 하고 싶은 공부는 무엇이었는지, 그리고 앞으로 정말 하고 싶은 일이 무엇인지 왜 묻지 않으셨을까? 그저 안 된다는 말만, 너한테 들일 돈이 없다는 말씀만 하셨을까? 그땐 그 말이 참 아팠는데 다시 생각해 보면 그때 아빠는 어쩌면 두려웠던 건지도 모르겠다. 그래도 자식 중에 믿음이 가는 첫째가 아빠가 힘들 때 떠나겠다고 한 것이. 그때 만일 내가 아빠의 반대를 무릅쓰고 중국으로 갔더라면 나는 지금 어떤 삶을 살고 있을까?

그런 여타의 일들 때문에 엄마는 나를 더 뒷바라지해 주지 못했다고 생각하시는 모양이다.

하지만 그것이 내가 정말 간절히 원하는 것이었다면 반대가 대수인가. 무슨 수를 써서라도 갔겠지. 아마 그때 나의 절실함은 반대를 거스르지 못할, 딱 그 정도였을지도 모르겠다.

마감 시간이 다 되어 내려가니 세 녀석은 막 조립을 마치고 로봇을 서로 이리저리 움직여 보며 신이 났다. 담당자 왈 "아이들이 모르는 게 있으면 물어보라고 하는데도 자기들끼리 꿋꿋이 문제를 해결해 가며 끝까지 해내더라고요. 어쩌면 셋이 다 저렇게 집중력이 좋은

지 무척 놀랐습니다."

아무렴, 어련하려고. 한번 붙잡으면 끝을 보는 건 확실하니까. 누가 도와주는 것도 싫어하고, 간섭하는 것도 싫어하고, 그 로봇 때문에 다른 건 하나도 체험 못하고 구경도 못했지만 그래도 행복하고 즐거웠던 아이들을 데리고 식당으로 갔다.

대충 식사를 마치고 나오니 올케가 그래도 마지막 밤이니 마트에서 과자랑 먹을 것 좀 사서 집에서 실컷 먹고 놀아보자고 한다.

장을 보고 와서 다 같이 상에 둘러앉아 뒤풀이를 했다. 조카 녀석들도 여행이 즐거웠다고 한다. 졸렸지만 장터에 가서 토끼랑 물고기랑 거북이를 본 것도 좋았고, 힘들었지만 성산일출봉에 올라간 것도 좋았고, 로봇스퀘어는 정말 환상적이었다며 제주 여행이 너무 좋아서 집에 가기 싫다고 한다. 우리 집 녀석들도 둘이 있다가 넷이 있으니까 더 재밌었다며 사촌들이 내일 가는 게 많이 아쉬운 듯 보였다.

까탈스러운 게 우리 집 내력인지 조카들도 성격이 무난하지는 않다. 그래도 사촌이라고 서로 모여 있으면 아이들이 큰 다툼 없이 잘 지내는 게 마냥 신기하기도 하고 대견하기도 하다. 저렇게 넷이 같이 크는 것도 참 좋겠구나. 서로에게 힘이 돼 주고 의지도 돼 주고.

엄마가 서로 가까이 살면 더 좋겠다고 말하는데, 순간 '시어머니와 시누이가 근처에 산다고 하면 과연 며느리는 좋을까?' 하고 생각해 본다.

올케는 다른 그 무엇보다 우리 마을이 좋았다고 한다. 평화롭고 고요하고 여유로운 마을 풍경, 아름다운 바다. 맞다. 다른 그 무엇이 더 필요할까.

엄마는 모든 것이 좋았다고 했다. 아무 것도 하지 않아도 그저 제주도로 온다는 것 자체가 좋았다고. 아이들을 데리고 여기저기 천천히 구경하고, 돌아보고, 며느리와 딸과 함께 무언가를 한다는 것. 그것 자체로도 참 좋았다고.

엄마가 "내년에는 또 어디 갈 거야? 네가 또 어딘가에 가 있어야 내가 지율 어미와 또 네 핑계 대고 오지?"

"엄마, 이렇게 사는 거 돈 많이 들어. 난 뭐 맨날 형편이 좋아? 결혼하고 14년 만에 작정하고 온 거야, 엄마."

"아, 듣고 보니 그렇네. 그럼 내년엔 지율 어미야, 네가 올래? 네가 오면 건우 어미하고 나하고 찾아올게."

"어머니, 전 형님 같은 용기가 없어요. 이 극성스런 애들 둘 데리고 제주도라니요~." 하며 기겁을 한다.

제주도는 그런 곳인가 보다. 몇 번을 왔어도 다시 오고 싶은 곳.

스물두째 날

너무 잘하려고 애쓰지 말자!

스물두째 날

 아침에 그냥 출발하기가 아쉬워서 엄마, 올케, 건민이와 해가 막 뜨기 시작할 무렵의 바다를 걸었다. 물때가 바뀌어서 요즘은 아침에 물이 들어오고 밤에 물이 나간다. 밤새 물이 나간 모래는 밟아도 땅이 꺼지지 않을 만큼 찰지고도 촘촘하다. 언제 다시 이 바다를, 이 모래를 밟아보랴.
 아쉬운 마음이 가득한 엄마와 올케는 오랫동안 바다를 바라보며 감탄했다. 그리고 순식간에 마을이 온통 빨갛게 물들면서 해가 떠올랐다. 방금 전까지 구름에 갇혀 있던 해가 잠깐 뒤돌아서서 바다를 바라본 순간에 구름을 헤치고 둥실 떠올랐다. 황홀하여 그 빛을 한참 바라본 덕분에 그 강렬한 잔영으로 인하여 한동안 앞이 잘 보이지 않았다.

 친정 식구들이 떠나고 그동안 나도 나름 힘들었지만, 어린 동생들을 돌보느라 고생을 많이 한 건우와 얘기를 좀 하고 싶었다. 집에서 밥하고 뭐 하다 보면 늦어지기도 하고 분위기 전환도 할 겸 나가서 먹기로 했는데, 아이들이 피곤했던 탓인지 자꾸만 늘어지면서 말을 듣지 않는다.
 나는 원래 나가기 전에 집을 항상 정리하고 나가는 버릇이 있다. 나갔다 들어오면 정말 피곤한데 집까지 어질러져 있으면 그게 그렇게 짜증이 나기 때문에 나가기 전에는 집을 꼭 정리하고 나간다. 그런데 이게 아이들은 적응하기 어려운지 어떤 때는 치우기 싫어서 나가기 싫다고 할 때가 있을 정도다.

그래서 나가기 싫으면 그냥 집에서 먹자니까, 그건 아니라고 나가자고 하면서도 계속 꾸물거리고 늑장을 부리길래 방으로 들어가서 쓰레기들을 치우며 "아니 자기가 먹은 걸 자기가 치우라는데 그게 그렇게 어려워? 이 쓰레기는 다 뭐야? 돼지우리도 아니고!" 하고 한바탕 큰 소리가 났다.

집을 치우고 밖으로 나오자, 아이들이 지난번에 가려다가 못간 수제버거 집을 가자고 했다. 거기도 영업은 6시까지라고 했다. 수제버거와 수제 맥주를 파는 집이었는데 아니 맥주집이 6시에 문을 닫으면 대체 술을 몇 시부터 마시란 얘기인가?

하긴 이 동네 어느 집에서든 맥주나 소주, 막걸리 등은 팔지만 늦게까지 장사를 하는 집은 없다. 그러니 아점을 먹든 점저를 먹든 식사하면서 간단히 반주를 하는 정도로 술을 먹지, 밤새 부어라 마셔라 하는 문화는 아니라는 얘기다.

같은 대한민국 안에서도 이렇게 다른 라이프 스타일이 있다는 것이 신기하기도 하고, 지금껏 그걸 모르고 살아온 내가 이상하기도 하고 묘한 기분이다.

작정하고 간 수제버거집은 오늘 하필 임시 휴일이다. 아니 평대리에 와서는 어느 가게건 마음먹은 날 들어가 본 적이 한 번도 없다. 오늘은 그래도 시간대를 잘 맞추었다고 생각했는데 정기휴일도 아니고

느닷없이 임시 휴일이다.

안 그래도 지금 별로 분위기 안 좋은데…. 집에서 큰 소리 한번 난 후로 건우의 표정이 좋지 않다. 대놓고 기분 안 좋은 티는 내지 않고 있지만, 억지로 참고 있는 게 보인다. 뭐라고 한마디 하고 싶은 걸 그냥 못 본 척 하고 있는데, 건우가 가고 싶다던 가게가 하필 오늘 휴일이라니.

눈치를 살피며 이제 어떡할까 하니 건우가 가고 싶은 곳은 해물라면과 해물파전을 파는 곳이고, 건민이가 가고 싶은 곳은 성게국수와 한치 파전을 파는 곳이다. 이럴 때 가장 유효한 방법은 가위바위보.
아뿔싸, 건민이가 이겼다. 오늘 대체로 건우가 안 풀리는 분위기

다. 그래도 어쩌랴.

    우리는 성게국수집으로 갔다. 아마도 그 집 사장님이 해녀신 듯한 자그마한 가게는 사장님이 물질해서 잡은 해산물로 메뉴를 만들어 신선하고 맛있다고 소문이 난 집이었다. 우리는 파전 2개를 시켰다. 자리를 잡고 앉는 데서부터 건우의 골질이 시작됐다. 자리에 앉지도 않고 크지도 않은 가게를 이리저리 돌아다니며 부딪치고, 의자를 이리 돌렸다 저리 돌렸다 시끄러운 소리를 냈다. 음식이 나오는 동안 잠시 기다리든지 잠깐 바닷가에 나가 있으라고 하는데도 말을 안 듣는다.

    기어이 옆 테이블에 앉으면서 의자도 한 칸 떨어져서 앉는다. 그래 가지고야 음식을 어떻게 같이 먹는단 말인가. 파전이 2장이니 한 장은 따로 담아서 앞에 놓아주고 거기서 혼자 먹으라고 했다. 엄마와 형 사이의 냉기를 눈치 챈 건민이는 분위기를 풀어주고 싶었는지 나

스물두째 날 너무 잘하려고 애쓰지 말자!

한테 이런 저런 얘기를 하며 파전을 열심히 먹는다. 옆 테이블에 앉은 건우는 젓가락으로 끼적끼적. 음식을 먹는 것도 아니고 안 먹는 것도 아니고. 정말 그냥 봐주기가 힘들었다. 결국 내가 물었다.

"너 아까부터 대체 뭣 때문에 그래? 네가 가고 싶은 데 못 가서 그래?" 하고 물으니 그냥 나를 쳐다보다가 "말하기 싫어"라고 하는데, 내가 더 이상 참지 못하고 화를 냈다.

"됐어. 말하기 싫으면 말하지 말고, 먹기 싫으면 먹지 말고 나가. 네가 그러고 있으니까 동생도 엄마도 제대로 음식을 먹을 수가 없잖아. 먹기 싫으면 안 먹어도 되니까, 차라리 나가. 나가서 바다에서 바람 쐬고 좀 놀아."

마침 음식을 다 먹은 건민이가 같이 나가자며 형을 데리고 바다로 나갔다.

화가 난 나는 막걸리 한 사발을 벌컥벌컥 들이켰다.

정말 자식을 키우는 일은 인내심의 연속이다. 예전 같았으면 내 성질대로 화를 냈을 것이다. 이게 뭐하는 짓이냐고. 화가 났으면 뭣 땜에 화가 났다고 얘기를 하든가, 아니면 그냥 참고 넘어가든가. 지 성질 났다고 어따 대고 성질 난 티를 팍팍 내면서 옆에 있는 사람까지 기분 나쁘게 만드냐고 한바탕 난리를 쳤을 것이다. 그런데 이제 그러지 않기로 하고 떠나왔으니 내 성질대로 확 해 버릴 수도 없고. 아, 정말 속 터진다. 나도 나름 마음을 가라앉히며 막걸리를 마시고 있자니 혼자 관광 와서 혼술하는 여자 같다.

막걸리 한 병을 비우고 나니 날도 어두워지고, 건우가 남긴 파전 한 장은 싸가지고 집으로 들어왔다. 그 새 기분이 좀 풀렸는지 건우

표정이 밝아졌다. 싸온 파전 한 장을 허겁지겁 저 혼자서 다 먹는다. (예전 같으면 그 파전은 내 배가 터지는 한이 있더라도 내가 다 먹고 건우는 한 조각도 안 줬을 것이다. 내 성질대로 했으면.)

건우에게 이제 기분이 좀 나아진 것 같으니 얘기 좀 하자고 했다.
도대체 뭣 때문에 그랬냐니까, 나갈 때 엄마가 방 안 치운다고 뭐라고 했을 때부터 기분이 나빴는데 수제버거집도 문을 안 열고, 가위바위보도 지고, 성계국수집에 가니까 자기가 먹을 만한 메뉴가 하나도 없고, 그래서 기분이 계속 안 좋았다고 한다. 근데 사실은 나갈 때 엄마가 큰소리친 게 제일 기분이 나빴다고.
그래서 내가 말했다.
"엄마가 큰소리치니까 기분이 나빴겠지. 그런데 엄마 입장에서 생각해 봐. 엄마는 밥하고 빨래하고 청소하고 매일 하잖아. 엄마도 힘들어. 그래서 다른 것도 아니고, 너희가 먹은 과자 껍질이랑 너희가 쓰고 난 종이는 그때그때 쓰레기통에 버리라고 여러 번 말로 했는데 너희가 말을 안 들으니까 결국 엄마가 큰 소리를 칠 수밖에 없잖아. 그럴 때면 엄마도 내가 무슨 청소하고 쓰레기 치우는 사람인가 하는 생각이 들어서 몹시 기분이 나쁘고 화가 나."
그랬더니 건우가 말한다.
"내가 아무래도 며칠 동안 지율이랑 지오가 와 있으면서 동생들 돌보는 일이 좀 힘들어서 스트레스가 쌓였던 것 같아. 지오는 계속 달래주지 않으면 말을 안 듣고, 지오를 달래고 있으면 또 건민이가 말을 안 듣고 까불까불하고 힘들더라고. 다른 때 같았으면 기분 나쁘게 생각 안 했을 텐데, 아까 엄마가 뭐라 하는데 갑자기 기분이 팍 상했어."

"알아. 네가 동생들 챙기느라고 많이 힘들었던 거. 그래서 외숙모가 너한테 엄청 고맙게 생각한댔어. 지오는 외숙모도 너무 힘들게 하는데 여기 와 있는 동안 네가 많이 돌봐줘서 외숙모가 많이 편했다고. 엄마도 그런 너를 보면서 이렇게까지 신경 쓰고 잘하지 않아도 되는데, 너도 아직 어린데, 어린애가 너보다도 어린 동생들 돌보느라고 너무 애쓰는 것 같아서 고맙기도 했지만, 한편으로는 안쓰럽기도 했거든. 그래서 오늘은 기분 좋게 밖에서 밥 먹으면서 그런 얘기들을 하고 싶었어. 고생 많았다고. 근데 앞으로는 그렇게 스트레스 받으면서까지 잘하려고 하지 않았으면 좋겠다고. 그런데 분위기 완전 엉망진창이 돼 버렸네. 뭐 어쩔 수 없지. 오늘은 이렇게 됐으니 내일 다시 맛있는 거 먹으러 가자."

내 안의 감정을 제대로 알아차리는 것, 상대방의 감정을 파악하는 것, 화를 표현하는 법, 화를 풀어내는 법, 화해하는 법.
사람들과 어울려 살아가면서 수도 없이 거쳐야 하는 이 과정들이 참으로 쉽지 않구나. 어리다고 함부로 표현하거나 함부로 무시해서는 안 된다는 사실. 어려서 여리고, 그래서 쉽게 다칠 수 있다는 것을 다시 한 번 느끼는 시간이다. 부모의 길은 참으로 멀고도 험하다.

스물셋째 날

한옥집에서
외국인의
수제버거를
먹다

스물셋째 날

날씨가 좋으니 오늘은 바닷가에 나가서 낚시를 하자고 아이들이 졸라댄다. 아직 어려서 배낚시를 할 수 있는 나이는 아니고, 갯바위 낚시는 위험하고, 기껏 방파제인데 방파제에서 낚시를 즐기기엔 연륜이 안 되는 아이들이다.

그래도 재미 삼아 할 수는 있는 일이고, 오늘 낚시를 나갈 때까지 아이들은 분명 나를 엄청 졸라댈 것이 뻔하므로 펜션 사장님께 낚싯대를 빌려 낚시를 가기로 했다.

세화리 낚시점에 미끼를 사러 나가면서 해안도로를 달리면서 보니 오늘 날씨가 좋기는 한 것인지 바다에 물질하는 해녀 분들이 엄청 많았다. 처음엔 잘못 본 줄 알았는데 바다에 떠 있는 테왁의 숫자도 많고 실제로 해녀복을 입고 바다 속을 들어갔다 나왔다 하는 해녀 분들의 모습이 눈에 많이 띄었다. 실제로 해녀를 처음 본 아이들은 놀라 "안녕하세요!" 하고 소리를 지른다.

오늘은 정말 많은 해녀들이 물질을 나오셨다. 왠지 바다에 고기가 많을 것 같은 느낌!

그러나 생각보다 바람이 세다. 낚시할 포인트를 찾아 자리를 잡아보지만 바람이 너무 세서 똑바로 서 있기도 힘들다. 저러다 바람에 휩쓸려 바다에 빠지지나 않을까 걱정이 앞선다. 이 자리가 아닌 것 같아 다른 자리로 옮겨 보지만 바람이 점점 더 세진다. 애들은 낚시줄이 걸렸네, 미끼가 빠졌네 하며 나를 가만두지 않았다. 이리저리 뒤치다꺼리를 하다 보니 정작 나는 낚시에 집중할 수가 없었다. 바람도 워낙에 거세서 낚싯대를 던지는 일조차 쉽지가 않다.

아, 그동안 내가 가족들끼리 낚시를 가서 마음껏 즐길 수 있었던 것은 옆에서 말없이 아들들 뒷수발을 해주던 남편이 있었기 때문이었구나. 남편도 낚시를 좋아하는데 내가 워낙에 좋아하니 마음껏 하라고 낚시를 가면 아이들을 챙기는 것은 늘 남편의 몫이었다. 그래서 온전히 낚시에 집중할 수 있었던 나는 항상 조황이 좋았던 것이다.
그게 다 남편 덕이었구나. 역시 사람은 없어 봐야 소중함을 깨닫는 것인가 보다.

바람은 불고, 낚싯대 던지기도 힘들고, 고기는 없고, 얼마 지나지 않아 지친 아이들이 오늘은 고기가 없는 모양이라며 그냥 돌아가자고 한다. 집에 가는 길에 어제 가지 못한 수제버거집을 가기로 했다.
해변가에서 조금 안쪽으로 들어가 더 안쪽으로 꺾인 골목에 있는 수제버거집은 한국말이 서툰 외국인 주방장이 운영하는 한옥으로 지어진 집이다. 제주도에 외국인이 운영하는 전통가옥의 수제버거집이라니. 뭔가 썩 어울리지 않는 단어들의 조합 같은데 아무튼 이국적이다. 내부는 마치 잘 꾸며진 인사동의 전통 찻집 같은 분위기다. 전통 찻집에서 외국인이 만들어주는 버거는 어떤 맛일까?

스물셋째 날 한옥집에서 외국인의 수제버거를 먹다

역시 수제는 맛나다! 양도 많고! 아들들은 이렇게 예쁘고 맛있는 가게가 장사가 안 돼서 어쩌냐고 걱정이 이만저만이 아니다. 손님이 우리밖에 없다고 말하는 순간에 두 테이블 더 손님이 들어왔다. 다행이라고 이 집이 망하지는 않겠다며 자기들이 더 신이 났다.

집에 돌아와서는 잠깐 쉬었다. 쉬면서 텔레비전을 트니 '알쓸신잡' 제주편이 나오고 있었다. 안 그래도 일주일 밖에 남지 않아 이제 하루에 한 군데씩 어디라도 다녀와야 하지 않나 생각하고 있었던 터라 함께 보기로 했다. 지난주 북제주편은 보고 남제주편을 못 봤는데 마침 재방송을 해주는 것이다. 방송을 보면서 아이들에게도 가고 싶은 곳이 있으면 잘 보아 두라고 했다. 그 방송을 보면서 나는 내내 풀리지 않던 의문을 한가지 풀었다.

왜 그렇게 힘든 물질을 남자는 하지 않고 여자만 했을까? 왜 해녀들만 있고 해남들은 없지? 해녀들은 가사, 육아, 생계까지 모든 걸 책임지는 반면, 논농사나 밭농사가 제대로 이루어지지 않는 제주도에서 남자들은 도대체 무엇을 한단 말인가? 다른 고장처럼 남자들이 생계를 위해 물질을 하고, 여자들이 가사와 육아, 밭농사 정도를 했어도 되지 않았을까? 해녀박물관에서는 애들을 쫓아다니며 관람하느라 그 문제를 풀지 못했다. 전시가 돼 있었는데 내가 못 본 것인지, 아니면 그 내용은 없었던 것인지.

애초에 제주도에서 나는 전복이나 진주는 이 고장 사람들의 것이 아니고, 임금께 바치는 진상품이었다. 일 년에 정해진 진상품의 양과 물품이 정해져 있었고, 진상되는 물품들은 서울로 올라가는 동안 지방관리들에게 착복되는 양이 어마어마했으므로 실제 진상되는 양보다 훨씬 많은 양의 해산물을 채취해야 하는 것이 제주도 남자들의 삶이었다. 그래서 그 진상품의 양을 맞추려고 무리하게 물질하다 죽고, 또 배를 타고 나가서 일하다 익사하여 죽었다고 한다. 그래서 채취를 하는 사람이 자꾸 줄어들다 보니 할 수 없이 여자들도 채취자로 물질을 하러 바다로 들어갈 수밖에 없었고, 아무래도 봉건적인 유교 사회다 보니 외지인과의 혼인을 금하면서 여자들을 섬 안에 갇혀 살게 하기가 더 수월했던 것이다.

그래서 바람 많고 돌 많고 여자 많은 제주도가 됐는지도 모르겠다. 결국 국가가 나서서 조직적으로 여인들을 섬에서 나가지 못하게 하고 물질을 하게 했다는 얘기다. 그래서 해녀들의 숨비소리가 이렇게도 슬프게 들리는 것일까.

스물셋째 날 한옥집에서 외국인의 수제버거를 먹다

비단 해녀들 뿐이겠는가. 해녀들만큼은 아니더라도 대한민국에서, 아니 세상에서 여자로 살아가는 일이 유리하기보단 불리할 때가 많다. 내 능력과 상관없이, 단지 여자라는 이유만으로 받게 되는 차별과 불평등이 작게는 가정에서부터 학교, 직장, 사회에서 부지불식간에 일어난다. 어느 신문기사를 보니 올해의 핵심 키워드 중에 '페미니즘'이 있다고 하면서 그 단적인 증거가 '82년생 김지영'이란 소설이 베스트셀러가 된 점이라는 내용이었다. 나도 그 '82년생 김지영'을 읽으면서 잊고 있었던, 불평등인지 차별인지조차 알지 못하고 있었던 몇 가지 사건들이 떠올랐다.

봉건적인 집안에서 자랐음에도 나는 남들이 흔히 말하는 '여성스러움이나, 조신하거나 고분고분함'이 많이 없는 편이다. 그런 집안 분위기가 싫어서 오히려 더 자신을 드세게 몰아쳤는지도 모르겠다. 나의 이상형은 '여자를 귀하게 대할 줄 아는 자상한 남자'였고, 다행히도 나는 그런 남자를 만나 '잘'까지는 아니더라도 남들이 사는 만큼 지지고 볶으며 살고 있다.

나는 나의 아들들이 몸도 마음도 정신도 건강한 대한민국 남자로 자랐으면 좋겠다. 여성을 사회의 한 구성원으로, 당당한 경쟁자로, 함께 고민하고 나아갈 존재로 받아들이되, 사회 구성원을 재생산하는 존재로서 모든 여성을 배려하고 공감하는 멋진 남자로 자라주길 바란다.

이제 11살, 9살짜리 아들들을 두고 나는 참 먼 미래를 생각하고 있다.

스물셋째 날 한옥집에서 외국인의 수제버거를 먹다

스물넷째 날

억새의
군무
산굼부리

스물넷째 날

밤새 바람 소리가 매우 유난해서 잠을 설칠 정도였다. 아침에 일어나 보니 밤에 또 비가 왔는지 땅이 젖어 있다. 날은 개는 것 같은데 바람이 유난히 심하다. 오전에 할 일을 해 놓고 오후에는 산굼부리에 가기로 했다.

산굼부리는 화산체의 분화를 가리키는 말인데, 이곳은 산체에 비해서 분화구의 크기가 매우 크고, 산체가 낮은 언덕처럼 돼 있는데 한가운데가 굉장히 넓은 폭으로 움푹 패어 있다. 보통 다른 산이면 이런 경우에는 대개 물이 고인다는 데 산굼부리는 특이하게도 물이 고이지 않고 다양한 식물이 자라나서 식물학적, 지질학적 가치가 높다고 한다.

준비를 마치고 집에서 나오니 날씨가 심상치 않다. 먹구름이 몰려오는 것이 비든 눈이든 한바탕 쏟아질 것 같기도 하고, 구름이 빠르게 움직이는 것이 바람만 세차게 불다 끝날 것 같기도 하고, 당최 종잡을 수가 없다.

차를 타고 5분도 안 돼서 빗방울이 떨어진다. 급기야 비가 오는가 보다 했는데, 한 5분을 더 가니 이번엔 진눈깨비가 내린다. 양도 꽤 돼서 혹시 이따가 눈길을 운전해야 하는 게 아닌가 더럭 겁이 나는 순

간 갑자기 해가 쨍하고 빛난다.

아니 대체 이게 무슨 조화속인가. 기껏 20분 남짓 차를 타고 오는데 흐렸다 비 왔다 눈 왔다 느닷없이 햇볕이 쨍하고 나타나는 날씨라니. 날이 안 좋으면 어쩌나 했는데 산굼부리에 도착하니 기온이 낮은 탓에 좀 쌀쌀하기는 했지만 해가 있어서 구경하기 좋을 것 같았다.

입구부터 조경에 매우 신경을 쓴 듯한 나무들이 보이고 조금 더 깊이 들어가니 눈앞에 억새밭이 펼쳐진다. 건우를 낳기 전 남편과 극장에서 박중훈과 안성기가 주연으로 나오는 영화 '라디오 스타'를 보고 문득 영월에 가고 싶어진 우리는 오밤중에 출발하여 새벽녘에 강원도에 도착하여 정선에 있는 민둥산 억새밭에 갔었다. 끝도 없이 펼쳐진 민둥산 억새를 보며 언젠가 아이를 낳으면 아이를 데리고 꼭 한번

와야지 하고 마음먹었었는데 이제야 실행하게 된 것 같다.

바람까지 불어 억새가 춤을 추니 그야말로 장관이 아닐 수 없다. 크게 한 바퀴를 돌아 제일 높은 전망대로 올라가니 억새밭 반대쪽으로 정말 커다랗게 움푹 패인 구덩이가 보인다. 겨울인데도 푸른 잎을 가진 나무들이 가득하다. 그 왼쪽으로 구상나무 숲이 펼쳐지고 거기에도 억새가 펼쳐져 있다. 다시 더 왼쪽으로 돌아보면 낮게 펼쳐진 들판이 있고, 멀리 오름들이 보인다. 들과 산이 어우러진 모습이 보기 좋았다.

구상나무 숲 쪽으로 들어가니 맑은 공기가 한가득이다. 구상나무 숲을 돌 때 갑자기 눈발이 날렸다. 아니 이렇게 해가 쨍쨍하게 비치는데 어떻게 눈발이 날리지? 자세히 보니 눈이 아니고 바람에 억새풀이 날리는 거였다. 억새풀이 하얗게 날리니 꼭 막 내리기 시작한 눈 같다. 한 바퀴 돌고 내려오려는데 이번에는 진짜로 눈이 내렸다. 쨍

스물넷째 날 억새의 군무 산굼부리

쨍하던 해는 어디론가 사라져버리고 먹구름이 하늘을 덮으며 눈이 흩날렸다. 눈송이도 꽤 크다. 아래로 내려가던 발길을 다시 돌려 우리는 전망대 위로 올라갔다.
 눈발이 날리는 가운데 억새의 군무라니! 사진으로 그 느낌을 다 담아낼 수 없다는 것이 그저 안타까울 뿐이다.

 집으로 돌아오는데 그냥 가기가 아쉬운지 작은 아들이 김녕성세기 해변으로 가보자고 한다. 오늘 바람이 너무 강해서 바다에서 놀기는 어렵다고 얘기했으나 혹시 넓은 해변은 어떨지 모르니 가보자고 한다. 그냥 집에 들어가기도 아쉽고 차로 해안도로를 따라 드라이브를 하는 것도 괜찮겠다 싶어 그러기로 하고 해안도로로 방향을 잡았다.
 오늘 바람이 강하긴 강한 모양이다. 파도치는 모습이 예사롭지가 않다. 바람이 많이 불어서 차도 휘청휘청하는 기분이다.

 김녕성세기 해변으로 가니 생각보다 그리 크지 않은 해변이었다. 그런데 겨울이라 입장을 통제하는 듯했다. 한 바퀴 돌고 바람이 너무 심해 도저히 내릴 수 없을 것 같았는데 아주 가까이에까지 파도가 들이치는 것을 본 아이들은 밖에서 한번 보고 싶다고 한다. 위험하니까 너무 가까이 가지는 말고 조심해서 보자고 얘기를 하고 차에서 내렸다.
 차에서 내리자마자 포구 안전턱에 올라선 건민이를 보고 기겁해서 그런데 올라가면 안 된다고, 지금 파도가 많이 쳐서 그런데 잘못 서 있다가는 파도에 휩쓸릴 수도 있고, 바람에 떠밀려 바다로 떨어질 수도 있으니 가지 말라는 얘기를 해 두고, 방파제를 휘감는 파도를 볼 수 있는 풍경을 따라갔다.

　사진 몇 장 찍고 뒤돌아보니 어느새 이 두 놈이 파도가 넘쳐 방파제를 덮치는 장소에 서 있는 것이 아닌가. 깜짝 놀란 나는 뛰어가면서 빨리 돌아오라고 소리를 질렀다. 파도 소리에 휩쓸려 내 목소리가 안 들리는가 싶더니 한참 만에 목소리를 알아들은 건민이가 형한테 엄마가 가지 말라고 한다고 이만 가자고 얘기를 하는데, 건우는 들은 체 만 체 계속 그 자리에 서 있다. 나는 소리치고, 건민이는 형의 옷을 잡아당기며 가자고 하는데, 위험한데도 건우는 꼼짝을 않는다. 결국 겁에 질린 동생이 형을 질질 끌다시피 하여 포구 안쪽으로 왔다. 화가 난 나는 위험해서 안 되겠으니 그냥 가자고 차에 타라고 했더니 이번엔 포구 안전턱으로 또 올라간다.
　"아, 정말 왜 말을 안 듣니? 위험하단 말이야!"
　결국 큰 소리가 났고 옆에서 건민이마저 형 진짜 왜 그래 하고 거들고 나서니 급기야 건우가 울기 시작한다.
　건우는 항상 이런 게 말썽이다. 산에 올라가면 아래쪽으로 돌을 던진다. 위험하다고 지금 네가 위쪽에 있어서 안 보여서 그렇지 아래쪽으로 지나가는 사람이 그 돌을 맞으면 어쩌려고 그러냐고 아무리 말을 해도 듣지 않았다. 절벽이 있는 곳에서는 늘 위험하게 흔들리는 작은 돌들 위에 올라서서 가기 일쑤였고, 아무튼 온갖 위험한 짓은 다 했다. 말을 하고 주의를 주고 야단을 쳐도 도대체 말을 듣지 않았다.
　오늘은 나도 너무 화가 났다. 우는 아이를 달래고 싶은 마음도 없고, 네가 아무리 울어도 이건 네가 잘못했다. 지금 이게 얼마나 위험

한 행동인지 엄마가 충분히 설명했지 않느냐고. 정말 어제부터 기분 좋게 나갔다가 이제 뭔 꼴인지.

모두가 어색한 침묵 속에 집으로 돌아왔다. 건민이는 평대리 바다에서 조금 놀다 들어온다고 차에서 내렸다. 평대리 바다는 다른 곳에 비해 아주 평온한 바닷가다. 집으로 들어와서 건우를 내려놓고 나는 주유하러 간다고 하고 나왔다. 이런 기분으로는 아들과 둘이 있는 게 좋을 것 같지가 않다.

주유를 하고 들어오니 그 사이에 기분이 풀렸는지 건우는 아무렇지도 않게 자기가 화를 푸는 좋은 방법을 알았다며 칼로 연필을 조심스럽게 깎고 나면 마음이 많이 풀린다고 한다.

그래서 내가 말했다.

"그럼 엄마 기분은? 엄마가 너한테 여러 번 말했는데도 네가 너무 위험하게 행동해서 엄마 너무 화났어. 그런 엄마 기분은 어떻게 해?

너는 너한테 뭐라고 했다고 기분 나쁜 네 마음만 생각하고 엄마 마음까지는 생각 못했지? 아직 어리니까 그럴 수 있는데 엄마도 네가 그렇게 하면 기분이 상해. 그렇게 하다 네가 물에 빠지면 엄마는 수영도 못하는데 널 어떻게 구해 주냐고. 그게 걱정돼서 하지 말라고 그런 건데 엄마 말도 안 듣고."

끝까지 잘못했다고 말하지 않는 아들은 조용히 자기 방으로 갔다. 나도 어떻게 마무리를 해야 할지를 몰라 그냥 방에 들어가서 멍하니 앉아 있었다.

혜민스님이 쓴 책에 이런 구절이 있었다.

'자식은 두 가지 종류가 있다. 한 종류는 전생에 내게 진 빚을 갚으러 온 자식, 또 하나는 전생에 내가 진 빚을 받으러 온 자식…'

내 전생에 분명 저 녀석에게 큰 빚을 진 모양이다. 아무리 그래도 그렇지 그걸 이생에까지 쫓아와서 받아내려고 이 난리란 말인가. 정말 쉽지 않다.

진정하려고 애를 쓰며 방에 있으려니 큰아들이 조용히 방으로 와서 "엄마 미안해" 한다.
"앞으로는 제발 그러지 마. 위험하단 말이야."
아, 싸우고 사과하고 화해하고 또 이렇게 하루가 가는구나.
이젠 나도 기력이 딸린다. 웬만하면 그냥 서로서로 이해하면서 살아가면 안 되겠니?

스물넷째 날 억새의 군무 산굼부리

스물다섯째 날

천년의 숲 비자림을 가다

스물다섯째 날

어젯밤에 서울에서 대학 후배가 이곳 제주로 날아왔다. 나와 세 학번 차이로 94학번이다. 대학 다닐 때 같이 학생회 활동을 하고 졸업 후에는 영 소식을 모르다가 다시 연락이 이어진 지는 5~6년쯤 된다. 학교 다닐 때 그녀는 힘도 세고 술도 잘 먹고 흥이 많았다. 오죽하면 본명인 '한나영'보다는 별명인 '힘나'로 불리는 일이 더 많았다. 그랬던 그녀가 플로리스트가 됐다는 얘기를 들었을 때는 정말 그렇게 안 어울리는 직업을 갖고 있다고? 하며 깜짝 놀랐다. 나의 등산 멤버인지라 우리 집 녀석들과도 안면이 있어 아이들도 이모를 낯설어하지 않는다.

엊저녁에 늦게 도착하여 가볍게 한잔 마시고 잔 터라 아침에 느지막이 일어났는데, 밖에 바람이 너무 심하게 분다. 아마도 우리가 온 첫날 폭풍주의보를 받았던 날 만큼이나 바람이 세게 부는 것 같다. 가만히 서 있기도 힘들게 바람이 부니 이거야 원 어디 외출이나 할 수 있을까?

늦은 아침을 먹고 조금 지켜보자 하고 있으니 날도 흐리고 바람도 많이 불지만, 그렇다고 집에만 있을 수는 없어서 일단 평대리 마을 구경을 하기로 했다. 나는 이 마을 주민도 아닌데 나를 찾아오는 사람들이 있으면 항상 정말 자랑스럽게 이 평대리 마을을 구경시켜

준다.
　너희들이 아무리 여러 번 제주도를 왔다 하더라도 이만큼 한적하고 아름다우며 여유 있는 제주를 보지는 못했으리라는 자부심으로! 언제 보아도, 항상 감동을 주는 제주 평대리 앞바다!

　마을 끝에 있는 정말 아기자기하고 예쁘게 생긴 양초가게와 주얼리 숍으로 들어가니 여태 있으면서 가게는 처음 들어가 보는 아들들 눈이 휘둥그레진다. 따님과 두분에서 양초를 만들어 판매를 한다는 사장님은 참 여유 있어 보이고 친절하셨다. 예쁜 것을 그냥 지나치지 못하는 힘나는 자기 초 2개를 사면서 내 것도 2개를 사주었다. 내가 난 안 사줘도 된다고 하니 "에휴, 언니는 이런 거 돈 주고 안 살 거 아냐?" 이런다.
　빙고! 인테리어나 메이크업, 가방, 신발 기타 등등 보통 남들이 흔히 말하는 여자들이 좋아한다고 하는 것들에 나는 그다지, 아니 전혀 관심이 없다. 어릴 때부터 실용적 사고를 가지고 자란 탓인지 무엇이든 꾸미는 것에는 영 흥미가 없다.

　심한 바람을 안고 걸어 다녀서 그런지 아침을 먹은 지 얼마 되지도 않은 것 같은데 배가 고팠다. 지난번에 골질을 하느라 파전을 여기서 먹지도 못하고 집에 싸가서 먹었던 건우는 그 집 파전이 정말 맛있었다며 바다 앞에 있는 성게국수집으로 가자고 한다.
　파전 두 개에 성게국수 하나를 시키고, 제주막걸리를 시켜서 힘나와 나누어 먹는데 안쪽 방에 자리를 잡고 있던 사람 몇몇이 나오는데 외국인들이다. 제주로 여행 온 외국인들이 맛집이라고 찾아온 줄 알

앉더니 영국의 유명한 방송국에서 사장님을 취재하러 나왔다고 한다. 사장님이 해녀인 것뿐만 아니라 따님도 해녀라는 데 지금 이 근방에서 최연소 해녀라고 한다.

　요즘 부쩍이나 외모에 신경을 쓰면서 연예인이 되고 싶다는 건우는 방송 장비를 보자마자 흥분해서 정신을 못 차린다. 어느 방송국의 무슨 방송인지도 모르고 자기가 아니라 이 집 사장님을 취재하는 건데 왜 이렇게 자기가 흥분하는 건지. 카메라 앞을 끊임없이 왔다 갔다 자신을 강력하게 어필하는 것이 귀여운 건지 귀찮은 건지 카메라맨이 아이들을 비춰주자 연신 맛있다를 외쳐댄다.

　아무튼 아이들이란. 에휴, 그런데 부끄러움은 왜 나의 몫이냐구요.

스물다섯째 날 　천년의 숲 비자림을 가다

한참 맛나게 먹고 마시는 중에 사장님이 나오셔서 영국의 유명한 방송국에서 자기를 촬영하러 왔다고 하신다. 어제도 찍고 오늘도 찍고 내일은 물질을 나가시는 데 물질 나가는 것도 찍고 물질 나가서 잡은 해산물로 요리를 할 건데 여기 영국에서 오신 셰프님과 요리 대결을 할 거라며 자랑을 하신다. 텔레비전에 나오는 게 신나는 건 우리 아들만은 아닌가 보다.

집에 가서 몸을 좀 녹이고 집 근처에 있는 비자림을 보러 가기로 했다. 왔다 갔다 하면서 보는 비자림로가 정말 예뻐서 비자림 숲은 얼마나 예쁠지 자못 기대가 되었다.

비자나무는 잎사귀가 뾰족뾰족한 것이 한자의 '아닐 非' 자를 닮아서 비자나무라 불리었다고 한다. 비자림은 제주도에 처음 생긴 삼림욕장이라고 한다. 비자나무 한 종류로만 이루어진 숲이라고 하는데, 보통 숲이 한 종류의 나무가 압도적으로 많으면서 큰 규모를 이루는 게 흔한 일은 아닌 모양이다.

산림욕장을 많이 가보지는 않았지만 나에게 비자림은 '非' 아니고 '秘'의 느낌이 훨씬 강했다. 그 뭐랄까…. 약간의 몽환적 느낌이랄까? 드라마나 영화 같은 데서 주인공이 꿈속에서 어딘가를 헤매다 만나는 비밀의 숲이나, 이야기 전개에 핵심적인 키를 얻거나 인물을 만나거나 할 때 나오는 숲과 나무들. 비자림은 그런 느낌이었다.

하늘 위로 시원시원하게 쭉쭉 뻗은 메타쉐콰이어 숲이나 늘 푸른 소나무와 전나무가 빽빽이 들어선 그런 숲과는 다른, 뭔가 비밀스럽고 뭔가 은밀하며 갑자기 나뭇가지가 살아 움직이며 이곳과는 전혀 다른 어떤 곳으로 가는 통로를 열어줄 것만 같은 그런 분위기였다.

꽃을 만지는 일을 하는 사람이라 그렇기도 하겠지만, 어린 시절을 산골에서 보냈다는 힘나는 숲 중간 중간에 희한한 모습을 하고 있는 풀과 나무들에 대해서 우리 아이들에게 설명을 재미있게 잘해 주었다. 나는 도시에서 자란 사람이라 풀과 나무에 대해서는 정말 모르는 편인데 저렇게 아는 사람의 설명을 들으며 숲을 돌아보니 훨씬 풍성하게 자연을 감상할 수 있어 참 좋았다.

날씨가 흐리고 평소보다 습기가 많은 날이라 분위기가 더해졌는지 모르겠지만, 어쨌든 나는 영화의 주인공이 된 듯 언젠가 땅이 꺼지고 눈앞에 전혀 뜻밖의 광경이 펼쳐질 것 같은 기대와 설렘을 가지고 비밀의 숲을 헤매는 기분으로 비자림을 돌았다. 몽환적 분위기와 반대로 정신이 맑아지는 상쾌한 공기. 어울리지 않는 이 두 감정 사이를 오가며 숲을 감상한 탓인지 숲 밖으로 빠져나오니 꿈속에서 깨어 나온 듯 몸이 나른하다.

집에서 간단히 저녁을 먹고 대학 후배가 왔으니 또 우리의 동문회를 열어야겠기에 아이들은 집에서 쉬라고 하고, 후배의 게스트하우스로 향했다. 요즘 후배의 게스트하우스에서 동문회가 자주 열리는 것 같다.

후배들이 나보고 제주가 잘 맞는 모양이라고 몇 주 사이에 얼굴 때깔이 좋아졌다고 한다. 어제 온 힘나도 언니는 그새 제주에 적응을 다 했는지 자기는 바람 때문에 추워 죽겠는데 언니는 아무렇지도 않다고.

스물다섯째 날 천년의 숲 비자림을 가다

'나도 그렇게 생각해. 나랑 제주도는 참 잘 맞는 것 같아.'

힘나와 후배 부부는 내가 학교를 졸업하고 난 뒤에 몇 년 더 학교를 같이 다녀서인지 그들에게는 내가 알지 못하는 그들의 20대가 또 있었다. 나의 후배 힘나는 언제나 그녀의 후배들에게 선배였고, 나는 그 모습이 새삼 낯설었다.

이제 몇 년 후에는 지금 우리가 함께였던 이 시간을 함께 기억하고 함께 이야기할 날이 올까?

그렇게 또 제주의 밤이 흘러갔다.

스물여섯째 날

파도와 바람의 역사 돌문화공원

스물여섯째 날

어제 늦게까지 이야기꽃을 피우고, 술을 마시고, 노래를 부르느라 아침에 일어나니 몹시 피곤하다. 오늘도 역시나 바람이 너무 많이 분다. 힘나가 자기는 제주도가 안 맞는 모양이라고 어떻게 이렇게 계속 바람이 부느냐고 한마디 한다.

"그러게, 제주도가 널 거부하나 봐. 그래도 그동안 이 정도까지 바람이 불지는 않았는데 어째 네가 오니까 바람이 무섭게 분다, 야."

아침을 먹고 좀 기운이 나서 돌문화공원을 돌기로 했다. 제주에 처음 와서부터 건민이가 돌문화공원에 가고 싶다고 얘기를 했었다. 어디서 안내문을 읽은 모양이다. 안 그래도 알쓸신잡 북제주편에 돌문화공원이 나온 터라 나도 가보고 싶기는 했다. 힘나는 대학에서 문화인류학을 전공했고, 지금은 플로리스트가 직업이라 식물이나 자연물을 이용한 데코에 관심이 많았으므로 모두가 만족할 수 있는 체험이 될 수 있을 거라 기대했다.

돌문화공원을 가기 전에 해안도로를 끼고 돌아 월정리에 가서 점심으로 해물짬뽕라면을 먹기로 했다. 노란색으로 칠한 라면집이 정말 예뻤다. 가게는 크지 않아 아기자기한 맛이 있다. 음식을 주문하니 사장님이 가게 뒤쪽에 강아지랑 토끼가 있으니 아이들더러 구경하러 가보라고 하신다. 동물을 유난히 사랑하는 아들들은 신이 나서 달려갔다.

힘나가 "언니, 제주도에서 가게 하시는 분들은 참 친절하신 것 같아."라고 해서 "어 맞아. 나도 그렇게 느껴."라고 답했다.

언젠가 라디오에서 '제주도는 워낙 관광객이 많은 곳이라 절반은 현지인, 절반은 관광객이라고 보는 게 맞다. 그러니까 제주도에서 시골 인심을 기대하고 친절을 기대해서는 안 된다'고 말하는 걸 들은 적이 있다. 실제로 관광지에서 겪는 불친절에는 이미 익숙한 지라 뭐 그럴 수도 있겠구나 생각했는데, 내가 만난 제주 사람들 중에는 정말 친절한 분들이 많았다. 아니 친절하지 않은 사람을 못 봤다고 해야 할까? 지난번에 왔던 엄마도 제주도 사람들은 참 친절한 것 같다고 했고, 나도 그렇게 느끼고 있었는데, 힘나도 그렇게 말을 하니 내 느낌이 틀리지 않았다는 확신이 든다.

우리는 간단하게 점심을 먹고 돌문화공원으로 향했다. 돌문화공원은 고도가 좀 높은 곳에 위치한 까닭에 안 그래도 매서운 바람이 더 많이 불었다. 아, 이 추운데 관람을 할 수나 있을까 걱정이 되지만, 그렇다고 그냥 돌아갈 수도 없고 해서 일단 들어가기로 했다. 평대리에는 눈이 쌓일 만큼 오지는 않았는데, 이곳은 눈이 꽤 왔는지 곳곳에 눈이 쌓여 있다. 들어가는 입구부터 아이들은 눈을 만지고 밟고 하느라 도대체 들어갈 생각을 안 한다. 돌을 보러 온 건지 눈을 보러 온 건지.

재촉하기도 힘이 들어서 우리는 박물관 입구로 가 있을 테니 거기

로 오라고 해놓고 앞장 서 갔다. 100만 평이나 되는 곳이라더니 널찍 널찍한 곳에 자연 경관과 어우러져 전시된 커다란 돌들은 들어서는 입구에서부터 이곳이 심상치 않으리라는 느낌을 준다.

   돌문화공원은 고도가 높은 곳이지만, 땅이 움푹 꺼진 분지에 지어진 공간이라 그런지 문화원 안쪽으로는 바깥보다 바람이 훨씬 덜 분다. 우리는 전체적으로 설망대할망과 오백장군 설화를 바탕으로 꾸며진 문화원을 천천히 돌아보기로 했다.

   돌문화공원은 세 개의 코스로 나누어져 있는데, 1코스는 실내 전시장이다. 우주의 생성 과정에서부터 제주의 형성 과정 등이 설명되어 있고, 정말 다양한 형태의 돌을 볼 수가 있는데, 전시관 자체가 건

축 문외한인 내가 보더라도 아주 고급스러웠다. 통창을 이용해 바깥으로 보이는 자연 경관과도 조화를 이루도록 만들어진 것이 정말 무엇 하나 소홀하지 않구나 하는 느낌이 들었다. 만약 여기가 갤러리라면 바람과 파도와 용암이 화가요, 조각가요, 공예가인 전시관이라 할 만하겠다. 전시를 많이 경험해 보지 못했어도 지금까지 전시의 디자인에 대해서는 그리 감동한 적이 없었는데, 이곳은 전시를 디자인한 디자이너들의 감각이 매우 탁월하다는 것을 느낄 수 있었다.

수만 년의 세월을 지나면서 파도와 바람과 용암에게 몸을 내어준 돌들. 자신의 몸에 새겨진 그 흔적들을 그들은 어떤 마음으로 받아들였을까. 아름다움을 위한 고통이라 생각했을까? 아니면 살점을 내어주는 고통이었을까. 돌에 손을 대며 느껴 보려 하였지만 돌들은 쉽게 허락하지 않았다.

2코스는 야외전시장으로, 말하자면 돌과 인간의 역사라고 해야 할까? 고려시대와 조선시대 등의 돌문화가 전시되어 있다. 우리가 들어간 시간이 2시쯤 되는데 눈을 만지느라 입구에서 시간을 많이 허비하고 1코스를 너무 길게, 유심히 보느라 2코스로 옮기니 날이 조금씩 어두워지고 있었다. 6시만 돼도 깜깜해지는 제주의 특성상 2코스를 다 돌기에는 시간이 부족할 것 같아 2코스는 초입에 있는 고인돌들과 화덕 정도만 보고 돌아서야 했다. 많이 아쉬웠다.

돌문화공원은 잠깐 볼 것이 아니라, 하루 날을 잡아 도시락이라도 싸 와서 중간 중간 휴게실에서 쉬거나 놀면서 3코스까지 돌아보는 게 좋을 것 같다. 돌아 나오면서 보니 1관이 시작되는 쪽에 오백장군 갤러리도 있었는데 들어가 보지를 못했다. 정말 아쉬운 관람이었다.

스물여섯째 날 파도와 바람의 역사 돌문화공원

돌문화공원을 꼭 가자고 졸랐던 건민이는 관람하는 내내 무엇인가를 수첩에 열심히 적었다. 도대체 무엇을 적는지 궁금해서 보여 달라고 해도 이건 자기만의 기록이니 보여 달라고 하지 말라면서 열심히 적었다. 평일이라 관람객이 적은 편이긴 했지만 간혹 오가는 관람객들이 전시물 앞에서 열심히 글씨를 쓰고 있는 어린아이가 기특한지 다들 한마디씩 하며 관심을 보이니, 손가락이 아파서 그만 쓰고 싶어도 멈추지 못하는 건민이를 보며 나는 웃음이 났다. 나중에 건민이가 잠든 사이에 몰래 수첩을 꺼내 보니 설망대할망 설화에 대해서 써놓았다. 중간 중간에 보았던 용암탄의 모습이 멋있었다고 쓰여 있는 것 같은데, 글씨가 엉망진창이라 나중에 어디 알아보기나 할 수 있을지 모르겠다.

    회와 생선구이를 좋아하는 힘나는 부산 출신임에도 회나 생선구이를 싫어하는 남편을 만난 덕분에 좋아하는 음식을 잘 먹지 못한다고 했다. 그런 힘나를 위해 오늘은 제주시 쪽으로 나가 횟집에 가기로 했다. 서울 친구에게서 소개를 받은 그 집은 지난번에 남편이 왔을 때, 친정엄마와 올케, 조카들이 왔을 때 오고 벌써 3번째다. 한 달에 세 번이나 이 집을 왔으니 그야말로 단골이 아니겠는가.
    우리는 여전히 맛있는 밑반찬들과 회, 죽과 알밥으로 정말 든든히 배를 채우고 집으로 돌아왔다.
    오랜만에 제대로 된 해산물을 맛본 힘나는 정말 맛있었다며 감탄에 감탄을 더한다.

    피곤한 데다 배도 부르고 운전을 많이 해서 그런지 집에 돌아오니 몸이 아주 노곤노곤하다. 씻고 그래도 마지막 날인데 그냥 자기는 서운하여 마트에서 과일과 맥주를 사가지고 들어와서 조촐한 파티를 했다. 아들들은 이때도 '건브라 쇼'를 보여 주었다.

　노력을 많이 하는데도 아직 아이가 없어 힘든 시간을 보내고 있는 힘나는 아이들이 노는 모습이 마냥 기특한 모양이다.

　나도 건우를 쉽게 낳지 않았다. 이제 아기를 가져야겠다고 생각했을 때는 아기가 생기면 학원 일을 줄이고, 낳고 나면 그만두어야지 했다. 입시학원 강사는 밤낮을 거꾸로 사는 직업이라 만약에 아이를 낳으면 친정엄마나 시어머니와 같이 살지 않은 한은 아이를 맡기기 어렵고, 도우미 아줌마들도 밤에 아이를 봐주는 경우는 입주 도우미 아니면 구하기 힘들었다. 그런데 우리가 그럴 수 있는 형편은 아

스물여섯째 날 파도와 바람의 역사 돌문화공원

니었으므로 일에 다시 복귀할 수 없다고 생각했고, 그래서 내 나이와는 상관없이 출산을 미루게 됐다.

정작 출산 결심을 하고 아이를 가지려고 할 때는 생각보다 임신이 잘 되지 않아 애를 먹었다. 그나마 두 번이나 계류유산이 되고 나니 여자인 나의 심리적 부담과 고통이 너무나 컸다. 뭐니 뭐니 해도 임신은 여자의 몸 관리가 중요한 것이라면서 주변의 많은 사람들이 전부 내게 한마디씩 해 댈 때는 정말이지 내가 뭘 그렇게 잘못했냐고, 뭐 애는 같이 만드는 건데 어째서 남편은 아무런 문제가 없고 나한테만 문제가 있다고 하느냐고 세상에 대고 소리를 지르고 싶었다.
심지어 대학 동창들까지 "너랑 똑같이 데모하고, 찬 바닥에 앉아서 구호 외치고, 감옥에 갔다 오고, 술 마시고, 담배 피우고, 할 거 다 했어도 우리 와이프가 애를 가진 것 보면 확실히 임신은 여자의 몸이 훨씬 중요한 것 같아"라고 말했을 때는 정말이지 그 입을 주먹으로 한 대 치고 싶었다.

'그래, 너희들은 데모 했어도 와이프는 데모 안 했지? 그래서 자궁이 튼실한 여자를 만나서 애 잘 낳고 잘 사는구나. 나도 그럴 걸 그랬네. 사회가 어떻게 돌아가든 내가 데모 안 한다고 해서 세상이 망하는 것도 아닌데, 나는 애 낳을 사람이니까 찬 바닥에 앉지도 말고, 시국을 개탄하며 술도 마시지 말고, 세상이야 어떻게 되든 내 자궁이나 튼튼히 지키면서 그렇게 살았어야 했구나.'
상처 입은 짐승처럼 으르렁거리는 나를 보며 어느 날 남편이 말했다.

"당신, 정말 그렇게 생각해? 여보, 난 말이야. 지금도 마찬가지지만, 우리가 20대 때 매 순간 치열하게 고민하고 선택하면서 살아왔다고 생각해. 그렇게 지금 이 순간까지 살아왔지. 최선을 다해서. 그런데 말이야, 아이를 가져야 한다는 생각 때문에 내 지나온 과거를 전부 부정해야 한다면, 그래야만 가질 수 있는 게 아이라면 여보 난 차라리 아이를 갖지 않는 걸 선택할 거야."

지금까지 살면서 남편이 그날처럼 멋있게 보인 적이 없었다. 그날 나는 내가 아주 멋진 사람하고 결혼했다는 사실을 가슴 깊이 기쁘게 생각했다.

45살이 될 때까지는 아이를 갖기 위해 노력하겠다고 말하는 힘나. 그녀에게 내년에는 꼭 좋은 소식이 들려오기를 고대한다.

스물여섯째 날 파도와 바람의 역사 돌문화공원

스물일곱째 날

야, 너네들 진짜 요망지다야~!!

스물일곱째 날

어젯밤에는 바람소리가 하나도 들리지 않았다. 아마도 오늘은 날씨가 좋을 모양이다. 밖을 내다 보니 해가 뜨는 것이 보인다. 바람도 없다. 공항으로 나가려던 힘나가 투덜거린다.

"흥, 이제 내가 서울로 간다고 하니 제주도 날씨가 좋아지네. 제주도는 내가 정말 싫은 모양이야."

힘나를 세화리 공항버스 정류장까지 데려다 주고 와서 한숨 잤다. 피곤했는지 어젯밤에 잠꼬대까지 하면서 잠을 잤다. 아이들도 많이 피곤했는지 10시가 다 돼서야 일어났다.

남편이 그래도 제주도에 한 달이나 있다가 오는데, 몇 군데 선물로 귤 한 상자씩은 보내야 하지 않겠느냐고 톡을 보내왔다. 동문시장에 나가서 살까 하다 체험 농장들도 많이 있는데 체험 농장에 귤값 내고 택배 보낼 귤은 우리가 따겠다고 하면 안 될까 싶어 몇 군데 알아보니 귤 체험은 그냥 3천 원 정도 내고 따고, 택배 보낼 귤은 그냥 자기 농장에서 사면 된다고 한다. 귤 체험을 하려면 우리 집에서 40~50분은 가야 하는데 체험은 기껏해야 20분이면 끝나니 가기도 뭐하고 애들은 계속 더 하겠다고 우기기 마련이니 고민이 되었다.

스물일곱째 날 야, 너네들 진짜 요망지다야~!!

서울에서 친하게 지내는 동네 엄마들 중에 난희 언니가 제주도 출신이다. 아직 제주에서 귤 농장하는 친구들이 있는데, 혹시나 귤을 딸 수 있는지 한번 물어봐 준다고 했던 게 생각이 나서 언니에게 연락을 했다. 잠시 후에 연락이 와서 언니의 중학교 동창이라는 친구네 농장으로 일을 가기로 했다. 늘어져 있던 아들들은 신나서 후다닥 준비를 하고 귤을 따러 나섰다.

물어물어 농장을 찾아갔더니 농장 사장님이 깜짝 놀란다.
"아니 난희 막내아들 친구라고 해서 나는 대학생이나 된 줄 알았더니 초등학생이었어?"
하긴 난희 언니는 나보다 한 살 위인데 결혼이 늦어서 첫째이자 막내인 민서가 건우와 동갑이었다. 언니의 친구인 농장 사장님은 아이가 셋인데, 고 3, 중 3, 초 3이라고 하신다. 당신 큰 딸이 고 3이니 친구의 자식도 그러려니 하셨었나 보다.
택배로 귤을 5~6 상자 보낼 건데 우리가 따서 상자를 채우고 부족하면 나머지는 여기서 따놓은 거로 보내도 되냐고 물어보니 사장님이 흔쾌히 그러라고 하셔서 아이들과 본격적으로 귤을 따기 시작했다. 사장님께서 특별히 맛있는 크기의 귤을 알려주시면서 그 정도 크기로 따면 맛있게 먹을 수 있을 거라고 한다. 아이들은 "너희가 딴 귤로 선물할 거니까 잘 따"고 했더니 아주 신이 났다. 그동안 이런저런 체험을 많이 다녔던 아이들은 나름 농사일이 손에 익었는지 일을 잘 하는 편이다.
처음엔 너희가 해봐야 얼마나 하겠냐 싶으셨던 사장님도 뭔 애들이 따먹지도 않고 쉬지도 않고 일을 저리 열심히 하냐면서 놀라신다.

꼭지도 상하지 않게 잘 따고, 가지가 길게 삐죽 튀어나와 다른 귤을 상하게 하지 않을 만큼 꼭 적당히 잘 잘랐다며 "야, 니네들 진짜 요망지다야(야무지다)!!" 하신다.

　요즘 서귀포에서는 각자 자기 농가의 귤을 따는 시기라서 인부들이 없다고 하신다. 한 20일 정도 지나 자기 농가의 귤 수확이 어느 정도 끝나고 나면 다른 농장으로 일을 다닌다고. 그래서 지금은 자기 가족들만 쉬엄쉬엄 하기 때문에 복잡하지 않고 좀 여유가 있다고. 오늘은 고 3 수능시험이 끝난 딸과 중 3 딸이 엄마아빠 일을 도와주러 농장에 나온 모양이었다. 넷이 귤을 따면서 어찌나 사이가 좋던지 깔깔거리는 웃음소리며 말소리가 종알종알 들리는 것이 정말 행복한 가정처럼 보였다.
　'딸들이 있으면 저렇게 다 커도 화목하게 일을 할 수 있는 걸까?'
　요즘 사춘기만 시작돼도 문 닫아 걸고 방으로 들어가 버리는 아들

딸 때문에 속상한 엄마들을 많이 봐온 터라 오히려 화목한 가정의 모습이 어색할 지경이다. 아들 둘뿐인 나는 다 큰 자식들과 저렇게 깔깔거리며 행복하게 수다 떨 날이 있을까? 왠지 나한테는 일어나지 않을 일만 같아서 무지무지 부러웠다.

2시부터 4시까지 먹지도 쉬지도 않고 열정적으로 일하는 아들들 덕분에 10킬로 상자 11개를 땄다. 사장님이 애들이 어떻게 저토록 야무지게 일을 잘 하냐며 이 정도면 내년에는 돈 받으면서 일해도 되겠다고 하신다. 내가 체험 농장 몇 군데에 연락해서 애들이랑 같이 10킬로 택배 10상자 정도 따고 싶다니까, 그렇게 따려면 하루 종일 따야 한다며 "그 정도면 돈 받고 일해야 되는 정도의 일이예요. 10킬로 10개면 100킬로인데." 했었다.

그런데 그걸 두 시간 만에 해냈다. 우리 셋이!

그 자리에서 택배 보낼 주소와 연락처를 확인하고, 돈을 입금하고, 우리한테도 집에 가서 서울 가기 전까지 먹으라면서 또 잔뜩 싸주셨다. 원 없이 귤을 딴 아들들은 감사합니다를 연발하면서 집으로 돌아왔다.

오늘 하루는 쉬려고 했는데, 오늘도 큰 일 한가지를 해결했네.
아, 피곤타. 오늘은 진짜 일찍 자야지….

그나저나 실제 마지막이라 할 수 있는 내일은 뭘 하며 지낼까.
가고 싶은 곳도 많고 하고 싶은 것도 많은데. 아~ 한 달은 너무나 짧다.

스물여덟째 날

우도 아이스크림

스물여덟째 날

밤새 바람 소리 하나 없는 걸 보니 오늘은 날씨가 좋을 모양이다.

어제 귤 딴다고 나름 고됐는지 엄청나게 큰 초코파이를 옴팡지게 먹는 꿈을 꾸다 톡 소리가 울리는 바람에 잠에서 깼다. 아무리 피곤하다고 꿈속에서까지 그렇게 단 음식을 먹는 꿈을 꾸다니…. 평소에 초코파이는 너무 달아서 잘 먹지도 않는 음식인데…쩝….

지난번에 엄마가 왔을 때 가려다 배가 뜨지 않아 못 갔는데, 오늘은 날씨가 좋아 배가 충분히 뜰 것 같았다. 마지막 관광은 우도로 정했다.

이런 저런 말로 아들들을 꼬셔서 성산항 여객터미널로 갔다. 집에서 15분 정도 거리라 가기도 편했다. 지난번과는 달리 주차장에 차가 많은 걸로 보아 오늘 배가 뜨는 것은 확실하다.

이번엔 정말 제대로 둘러보리라고 마음먹었으나 섬이 커서 그냥 걸어서 돌아다니기는 쉽지 않을 듯하다. 자전거를 타자니 바람이 많이 불어서 앞으로 나가기도 힘들 것 같다. 나야 어떻게 탄다고 하지만 아들들이 타기엔 무리다. 오토바이가 있긴 한데 나는 운전 경력이

10년 이상 되지만 오토바이는 스쿠터도 운전해 본 적이 없다.

'아, 이래서 아빠가 필요하다.'

다른 사람들을 보니 운전면허증만 있으면 누구나 운전할 수 있다고 다들 빌려 타는 듯한데, 나 혼자도 아니고 아이들까지 태우고 운전할 자신이 없었다.

아이들은 이걸 타고 돌아다니면 재미있겠다고 하는데, 계속 고민을 하다 도저히 안 될 것 같아 그냥 버스라도 탈까 했다. 우도에는 해안을 따라 도는 순환 미니버스가 많은 듯했다. 버스를 타고 가다 마음에 드는 곳이 있으면 내려서 구경도 하고 점심도 먹으면 좋을 것 같았는데 이상하게 아들들이 버스는 타기 싫다고 그냥 걸어가자고 한다.

바람이 심한데 괜찮겠냐고 하니 자기들은 걸을 수 있다고 한다. 그래 걸을 수 있는 만큼 걷다가 배고프면 먹고 예쁜 모래사장이라도 나오면 잠시 서서 구경도 하자고 하며 그냥 걸었다. 이 날씨에 그냥 걷는 사람은 우리 셋뿐이다.

스물여덟째 날 **우도 아이스크림**

우도 해변은 모래라기보다는 작은 돌멩이라고 해야 할까? 작고 고운 돌멩이들이 가득하다. 바다가 깊은 편인지 평대리 바다보다 색이 짙고 약간 거무스름하기도 하다. 한참을 걷다가 점심이 늦는 것 같아 적당한 밥집을 고르자니 자장면 집이 나왔다. 유명한 집인 것 같아서 들어가 보니 자장면 집이 아니라 옆 아이스크림 가게가 유명한 모양이다. 사장님이 두 집을 모두 운영하시는 모양인데 연예인들 사진이 엄청 많이 붙어 있다. 방송에도 자주 나오시는지 사장님이 출연했던 텔레비전 프로가 계속 나오고 있었다. 메뉴가 단촐하여 우린 소라 자장면과 소라 짬뽕을 시켰다. 소라가 엄청 많이 들어있고 맛도 괜찮았다.

아무래도 중화요리보다는 아이스크림이 유명한 듯하여 한라봉 아이스크림과 우도 땅콩 아이스크림을 주문했다. 와~ 정말 맛있는 아이스크림이다. 한라봉은 새콤달콤한 맛이고, 땅콩은 아주 고소한 맛이다. 그걸 먹으니 나는 어렸을 때 겨울마다 엄마가 타 주던 율무차 생각이 났다. 아이들도 기절초풍할 맛이라며 정말 맛나게 먹었다.

우도도 해변을 따라 아기자기하고 특색 있는 가게들이 참 많았다. 바다가 바로 앞이니 바다 쪽으로 창문만 예쁘게 내면 다른 인테리어 없이도 그림 같은 집이 완성된다. 그러고 보면 바다가 있다는 건 참 큰 행운이다.
아이들은 이 바람에도 성게를 줍네 멍게를 따네 바다에서 파도가 치는 데도 잘 돌아다닌다. 배 시간 늦겠다고 아이들을 불러들여 마지막 배를 타러 갔다.

　집에 와서는 여유 있게 텔레비전도 보면서 뒹굴거렸다. 아이들은 점심을 늦게 먹은 탓인지 배도 고프지 않다고 하여 집에 있는 귤과 과자로 대충 때우고 일찍 잠자리에 들어간다.
　서울에 있는 대학 동기들은 오늘 동기 송년회 한다고 술자리에서 수다들이 한창인 모양이다. 언제나 자랑스러운 나의 동아리 91학번 동기들. 보고 싶은 친구들…. 아, 괜히 쓸쓸해진다.

스물여덟째 날 우도 아이스크림

스물아홉째 날

제주의
마지막
밤

스물아홉째 날

어제 새벽에 걸려온 전화 때문에 밤잠을 설친 터라 몹시 피곤한데 작은 아들 녀석이 나를 애타게 부른다. 무거운 몸을 일으켜 거실로 나와 보니 이 녀석이 옷을 홀딱 벗고 있는데 벗어 놓은 옷에서 지린내가 엄청 난다.

으이그, 엊저녁에 귤이며 이온음료며 그만 먹으라는 데도 아랑곳 않고 먹어대더니 급기야 일을 저질러 놓았다. 얼마나 대차게 싸놓으셨는지 당최 씻는 걸 싫어하는 양반이 옷을 홀딱 벗고 샤워하러 들어간다. 방으로 가보니 기절해서 자는 큰 아들 녀석 옆에 요 한 장, 이불 두 장이 아주 옴팡 젖어 있다.

'아, 이걸 어쩐다. 거 참 하루만 참으면 될 것을….'

블라인드를 걷어 보니 날씨 한번 기가 막히다. 어두컴컴하니 부슬비보다는 굵은 비가 내리는데 바람이 많이 불어서인지 비가 위에서 아래로 떨어지는 게 아니라, 왼쪽에서 오른쪽으로 내린다. 꼭 바람 부는 날의 진눈깨비처럼.

급하게 샤워를 마치고 나와서 내복을 갈아입던 아들이 "아이씨" 하더니 다시 욕실로 들어간다.

왜 그러냐니까, 오줌을 너무 많이 쌌는지 한번 씻었는데도 냄새가 너무 나서 다시 씻는단다.

왜 아니겠냐. 지금 저 이불과 요에서 냄새가 저리도 지독하게 나는

데. 세탁기도 작고, 날씨도 흐리고, 뭐 대충 빤다 해도 무슨 수로 말릴 것이며, 오늘밤은 대체 뭘 깔고 덮고 한단 말이냐. 에고, 진짜 대책이 없다.

일단 요와 이불은 한쪽으로 치워두고 서둘러 아침을 먹고 선물을 사러 가기로 했다. 인터넷으로 검색해 보니 월정리에 선물가게가 두어 군데 있는 것 같다. 해안도로를 타고 천천히 월정리로 가니 오늘 바람이 예사롭지가 않다. 여닫이 문짝을 열고 안으로 들어서기가 버거울 정도로 바람이 강했다. 그래도 월정리 바다 색깔은 참 예쁘다.

선물을 사다 보면 내가 심리적으로나 정서적으로 상대방을 어떻게 느끼는지를 잘 알 수 있다. 가까운 사람일수록 값이 더 나가더라도 좀 더 그 사람에게 잘 어울릴만한 것, 또는 그 사람이 좋아할 만한 것을 고르게 되고, 먼 사람일수록 의례적인 것, 누구에게나 부담 없이 줄 수 있는 평범하고 평이한 것을 고르게 된다.
결국 여행에서의 선물이란 나의 인간관계를 적나라하게 들여다보는 계기가 된다는 얘기다.
평소 같으면야 누구에게 몇 천원에서 몇 만원의 선물이 그렇게 손떨리는 경우가 없지만, 여행에서 한꺼번에 여러 사람의 물건을 사게 되면 어쩔 수 없이 경제적인 부담을 느끼게 된다. 나와 가까운 사람, 먼 사람으로 등급을 나누게 된다는 것이 조금 슬프기도 하고, 어쩌면 또 그것이 사람 사는 모습이 아닐까 싶다.
아이들 또한 머리가 터질 지경인 모양이다. 이건 비싸고 이건 제주스럽지 않고 어쩌구저쩌구 하던 건민이는 자기가 가진 돈이 너무 적다며 울상을 짓는다. 옆에서 듣고 있던 건우가 "그러니까 건민아, 형이 가만히 보니까 돈이라는 게 그렇더라고. 일단 생기면 돈을 쓰지를 말고 모아 둬. 그러면 언젠가 꼭 돈이 필요할 때가 생긴다니까. 그냥 있다고 쓰지 말고 이게 필요한 건지 지금 없어도 되는 건지 그런 걸 생각하고 돈을 모아야 되는 거야."

"흥, 잘난 척 하기는! 나도 돈 생기면 다 필요해서 사는 거란 말이야. 그리고 형은 나보다 용돈이 많잖아!"

자고로 아이나 어른 할 것 없이 충고는 듣기 싫은 법이다.

그래도 이렇게 저렇게 머리를 굴려가며 일단 되는대로 선물을 고르고 집으로 돌아왔다.

점심으로 스파게티와 토스트를 해 먹고 나니 서울에서 남편이 왔다. 2주 만에 아빠를 본 아이들은 완전 신이 나서 자기들이 산 선물을 보여주느라 정신이 없다. 남편에게 늦은 점심을 부랴부랴 차려주고 나는 밖으로 나왔다.

오늘은 제주 국제 컨벤션센터에서 하는 거미 콘서트를 보러 가기로 한 날이다.

내 대학 동기 중에 음향 회사에서 이사로 근무하는 친구가 있다. 그 친구 회사에서 종종 가수들의 콘서트나 팬미팅을 맡아서 하는데, 스텝을 위한 티켓이 나오면 우리에게 티켓을 많이 공수해 주었다. 덕분에 나는 귀호강을 하는 날이 많았고, 고급문화를 많이 즐길 수 있었다. 동네 아줌마들은 그런 친구를 둔 나를 무척 부러워하였고, 나는 그 친구가 내 친구라는 것이 늘 고맙고 자랑스러웠다.

    동기는 내가 제주도에서 한달살이를 한다고 하자, 자기네 회사에서 거미 콘서트를 주관하게 됐으니 날짜가 맞으면 게스트하우스 하는 후배와 같이 다녀오라면서 티켓을 구해 주었다.
    제주에서의 마지막 밤을 멋진 콘서트로 힐링하게 될 줄이야!
    제주도에 살면서 콘서트 같은 건 꿈도 못 꾸었다는 후배도 간만의 문화생활에 완전 들떠 있다. 컨벤션센터는 서귀포에 있는 터라 집에서부터 1시간 이상은 걸린다. 6시 시작이라 4시에 출발을 했는데도 길이 막혀서 5시 40분이 넘어서야 도착했다.

    그녀의 노래는 훌륭하였고 우리의 가슴을 울렸다. 게스트 하나 없이 2시간 넘는 콘서트를 이끌어가는 그녀의 힘과 의지가 느껴졌으며, 팬들이 불러달라고 제목만 외치면 자판기처럼 툭툭 나오는 무반주

노래 실력은 목소리가 가장 훌륭한 악기라던 어느 뮤지션의 말을 떠올리게 했다.

저렇게 고음이 많이 나오는 노래를 계속 부르는데도 쓰러지지 않는 게 신기할 지경이었다.

아쉽지만 우리는 앵콜 무대가 시작됐을 때 나왔다. 이미 시간이 늦은데다 차를 가지고 왔기 때문에 콘서트가 끝나고 나오려면 차 빼는데 족히 한 시간은 걸릴 것 같아서 미리 나온 것이다. 다행히 사람들이 끝까지 자리를 지키고 있어 한적한 주차장에서 차를 빨리 뺄 수 있었다.

서귀포에는 제법 굵은 눈발이 쏟아져 차선이 잘 보이지 않았는데, 제주시로 넘어오니 눈발이 약해지더니 세화리에 들어서서는 눈이 거의 내리지 않았다. 역시나 변화무쌍한 제주의 날씨다. 후배의 게스트하우스에서 간단히 치킨에 맥주를 하기로 하고, 집으로 가서 남편을 태워 게스트하우스로 갔다.

하루는 느리고 천천히 흘러가는 듯한데 어느 새 한 달이 지나갔다는 것이 참 희한하다. 또 한 달 치고는 매우 많은 일이 있었던 것 같기도 하다.

후배는 현지인들도 몇몇 사람들만 아는 좋은 곳을 안내해 주고 싶었는데, 누나가 애들 위주로 움직이는 것 같아 좋은 곳을 못 보여줬다고 많이 아쉬워했다.

하지만 좋은 곳에 못가면 어떠랴. 우리는 다시 만났고, 20대의 나보다 훨씬 나다운 40대를 보여줄 수 있지 않았는가.

그것만으로도 충분하다. 그리고 언젠가 우리는 또다시 만나게 될 것이다.

우리는 못내 아쉬워하며 맥주 한잔씩을 기분 좋게 마시고 집으로 돌아왔다. 내일은 진짜 서울로 간다.

서른째 날

제주를
떠나
집으로
오다

서른째 날

겨우 한달살이의 짐이 이다지도 많았던가. 싸도 싸도 어째 짐이 줄어들지가 않는다. 남편이 중간 중간 다녀가면서 등산복과 등산화를 챙겨오고, 이 사람 저 사람 오가면서 갖다 준 밑반찬과 음식들, 나와 애들이 사들인 선물들 때문에 짐이 올 때보다 훨씬 더 많아졌다. 사람의 욕심이란 게 이런가 보다. 약간의 불편함을 조금 견디면 될 것을 조금이라도 편하게 지내보자고 이것저것 잔뜩 쟁여놓고 사는 모습이라니….

오전 내내 짐을 쌌다. 제주에서 목포까지 가는 4시 30분 배를 타기로 한 터라 시간은 넉넉했지만 짐이 워낙에 많은 데다 아직 다 사지 못한 선물이 있어서 어디든 기념품 숍을 한군데는 들려야 했다.
차에 짐을 싣고 보니 아휴 그야말로 피란민 짐 같다. 펜션 사장님은 다시 오기 힘들더라도 가끔씩 전화나 한번 하라고 하신다. (다시 올 수도 있는데 왜 그런 말씀을 하시지? 우리가 너무 극성스러워서 안 왔으면 하시는 걸까? 잠시 그런 의심이…ㅋㅋ)
아이들은 사장님께 인사를 하고 이 조아모루 펜션의 마스코트 진돗개 모루에게 작별인사를 했다. 정 많은 건민이는 급기야 눈물을 뚝뚝 흘렸다.

여객 터미널로 들어서니 사람들이 무척이나 많았다. 한 시간 전부터 승선을 시작하는데 뭐가 그리 급한지 사람들이 줄을 서서 엄청 빨리빨리 타려고들 한다. 밖은 추워도 대합실 안은 따뜻한데 왜 그리 서둘러 배를 타려고 하는 것일까. 배 안은 여기보다 훨씬 따뜻한가?

올 때는 밤 12시 30분 배여서 1인실 2개와 일반실 2개를 빌려서 나와 건민이는 1인실을 쓰고, 남편과 건우가 일반실을 썼는데, 이번엔 제주에서 4시 30분 출발이라 일반실로만 4개를 얻었다.

일반실을 찾아 올라가니 아, 아까 사람들이 왜 그리 빨리 배를 탔는지 알겠다. 세상에 '외부음식 반입 일체 금지'라고 써 있는 안내판 아래에서 사람들이 버젓이 회며 과일이며 과자며 소주와 맥주, 막걸리 등을 마시고 있었다. 죄다 등산복 차림인 아저씨와 아줌마들이다.

아직 할머니 할아버지라 부르기엔 젊으시고, 그냥 아줌마 아저씨라고 하기엔 좀 연세가 있으신(?) 그분들은 동창회 회원들인지 산악회 회원들인지는 모르겠지만, 분명 가족은 아니다. 얼굴이 벌써 불콰해서 계속 술을 마시며 떠들고 있고, 다른 한쪽 방에서는 화투라도 치는 모양이었다. 식당에 내려가도 분위기는 마찬가지였다. 하나같이 등산복 차림을 하고 술 마시고 떠드는 아저씨와 아줌마들.

갑자기 마음이 씁쓸하다. 저 나이에도 술 한 잔 함께할 친구가 있다는 것은 축복이요, 함께 여행할 친구가 있다는 것도 축복일 것이다. 젊은 시절 돈 벌고, 애 키우고, 생활하느라 친구를 만날 여유조차 없이 살아온 그들이 이제 애들 다 크고 조금 여유로워진 지금, 옛날의 친구를 만나 함께 즐길 수 있다는 것은 참으로 기분 좋고 흥분되는 일일 것이다.

서른째 날 제주를 떠나 집으로 오다

하지만 이곳이 자기들만의 공간이 아니고, 함께 이용하는 공공의 장소임에도 불구하고 옆 사람 생각도 못할 만큼 부어라 마셔라 하는 것 말고는 다른 문화를 가질 수 없는 것일까.

 하긴 지금 나와 내 친구들의 모습을 보고, 나보다 더 젊은 세대들이 그런 생각을 할지도 모르겠다.

 나는 그 사람들을 폄훼하거나 비난하려는 것이 아니다. 그런 것 말고는 다른 즐길 것을 찾지 못한 나의 윗세대들과 나의 세대가 그저 안타까울 뿐이다.

 오늘 배가 두 척이나 취소되는 바람에 우리 배에 선적한 화물들이 많아 출항 시간도 늦어지고, 조류 상황도 좋지 않아 항해 시간이 길

어진다고 한다. 조류 때문인지 유난히 흔들리는 배 안에서 4시간을 넘게 있자니 애들도 많이 지루한지 자꾸 왔다 갔다 한다. 목포에서 서울까지 운전하려면 아무래도 남편과 교대를 해야 할 것 같아 억지로 잠을 청하자니 잠이 들었다 깼다 어째 더 피곤하다.

　목포에 도착하는 시간이 9시가 넘으니 식당서 밥 먹기도 뭣하고, 지루한 시간도 때울 겸 배 안에 있는 식당에서 밥을 먹기로 했다. 식탐이 많은 아들들은 다 먹지도 못할 밥이며 반찬을 잔뜩 집어 들고 와서 남편과 내가 다 먹느라 애를 썼다.

　목포에서 내려 차까지 빼고 육지에 닿으니 10시다. 이제부터 부지런히 달려야 2시쯤 서울 집에 도착할 듯하다. 배에서 내내 칭얼칭얼하던 아들들은 밥까지 잔뜩 먹은 다음이라 잠이 몰려오는지 차를 타고 얼마 지나지 않아 바로 잠이 들었다. 나도 자다 깨다 자다 깨다 하면서 앉아 있었지만, 남편은 가족과 함께 간다는 생각 때문에 설레서 졸린 지도 모르겠다고 한다.

　참, 이런 남편하고 사는 것도 복이지 싶다. 다른 집 남자들은 아내가 아이들을 데리고 친정집에 간다고 하면 좋아한다던데 우리 집 남편은 그렇지가 않았다. 가족에 대한 애착이 매우 강하다.

　일요일 밤이라 그런지 고속도로에는 차가 거의 없었고, 남편은 열심히 달렸다. 중간에 휴게소에 들러 화장실 한번 가고, 주유하고, 커피를 한잔 마시고 나서 내가 운전을 하겠다고 하니 괜찮다며 그냥 자기가 하겠다고 한다. 서울 쪽으로 진입하니 꽤 굵은 눈발이 날리기 시작했다.

서른째 날　제주를 떠나 집으로 오다

눈 내리는 모양을 보니 피곤하더라도 오늘 올라오길 잘했다는 생각이 든다. 내일 올라왔더라면 아마 눈 때문에 고생 꽤나 했을 것이다.

집에 들어오니 새벽 2시. 자다 깬 아들들은 집에 오자마자, "우와, 집아 반갑다!"를 외치며, 자기들 방에 들어가 인형이며 이불이며 끌어안고 한바탕 난리를 친다.
"애들아, 반가운 건 알겠는데, 지금 새벽 2시야. 몇 시간 못 자고 아빠 또 출근해야 해. 그러니까 너희 물건들과 인사를 나누는 건 내일 해." 하고 재촉해서 애들을 재웠다.

얼핏 훑어보아도 집이 엄청 깨끗하게 정리돼 있다.

얼마나 설레는 맘으로 우리를 기다렸을지 남편의 마음이 그대로 전해져서 가슴 한쪽이 찡해졌다. 제주도에서 나와 아이들은 더할 나위 없이 즐거웠지만 남편은 많이 외로웠나보다.

오랫동안 보일러를 틀지 않아 냉기가 흐르는 집. 안방에만 보일러를 튼 후 온열 매트를 깔고 네 식구가 나란히 누워서 잠을 청해 본다.

드디어 집에 돌아왔구나….

<u>서른째 날</u> 제주를 떠나 집으로 오다

Epilogue

　서울로 돌아오고 다시 우리의 일상은 시작되었다. 아들들은 그 전보다는 좀 더 기쁜 마음으로 학교를 2주간 다니다 겨울 방학을 했고, 나도 그동안 못 만났던 사람들을 만나 이러저러한 이야기를 나누었다. 그리고 글을 썼다. 흔히들 글을 쓰는 일을 두고 '영혼이 탈탈 털리는 일'이라고 하는데, 무슨 말인지 알겠다. 초고를 완성하고 나는 3일간 심하게 몸살을 앓았다.

　엄마가 제주도에 왔을 때 내가 엄마에게 글을 쓰고 싶다고 말하니 엄마가 내 손을 덥석 잡으며, "잘 생각했어, 딸. 엄마가 기도 많이 할게. 사실 엄마도 예전에 라디오 드라마 대본도 쓰고 그랬었는데…."
　그랬다. 내가 어릴 적에 엄마는 종종 라디오 방송에 사연을 보냈었다. 때로 그 사연이 방송을 탔다고 엄마는 냄비며, 그릇세트를 선물로 받아 오고는 했었다. 언젠가는 엄마의 글이 당선이 돼서 할머니를 모시고 방송국에 연예인 구경하러 간다고 다녀오기도 했었다.
　"내가 배움이 짧아서 대본을 어떻게 쓰는 지도 모르겠고 해서 그냥 줄거리만 써서 보냈는데, 그 라디오 작가인지 피디인지 하는 사람이 자기도 사실은 아르바이트생이라고 하면서 내 노력이 가상해서였는지 당시에 제일 잘 나가던 라디오 드라마 대본을 5회 차인가를 복사해서 나한테 다시 보내줬어. 라디오 대본은 이렇게 쓰는 거니까, 보시고 다시 한 번 써서 보내 보라면서. 내가 그때 다시 또 도전하고 열심히 했으면 작품 하나라도 썼을지 모르는데…. 그때는 먹고 사는 게 너무 힘들어서 다시 도전할 생각을 못했어."

아쉬움이 가득한 엄마의 목소리…. 그랬었구나. 우리 엄마한테 그런 꿈이 있었었구나. 엄마의 이루지 못한 꿈이 나의 유전자 속으로 흘러 들어왔을까.

초·중학교 때 글쓰기로 몇 번의 상을 받은 것이 고작임에도 불구하고 나는 늘 뭔가 쓰고자 하는 열망에 시달렸다. 돌고 돌아 이제야 나는 글을 쓰기로 마음먹었다.

만약 제주에 가지 않았다면 그나마 글쓰기를 시작할 수나 있었을까….

오늘 아이들과 송년회를 했다. 올해의 잘한 일 3가지와 못한 일 3가지를 말해 보라고 하니 아이들이 재잘재잘 떠들어댄다.

"일단, 제주도에 간 거, 영어 공부 시작한 거, 시범단 한 거, 그리고 그리고…."

잘 한 일이 너무 많아 3개로는 턱없이 모자란다는 아이들. 그래,

그거면 됐다.

작년 송년회 때 똑같이 잘한 일과 못한 일을 얘기해 보라고 했을 때, 아들들은 자기가 잘한 일 3가지를 말하지 못했었다. 잘한 일은 하나도 없고 못한 것만 있는 것 같다며 급기야 아이들은 울었었다. 그때 나는 많이 놀랐다. 내가 아이들에게 많이 잘못하고 있구나.

건우가 나에게 말했다. "요즘 엄마가 우리 엄마가 맞나 싶게 착해졌어."
"그래? 착해졌다는 건 어떨 때 느끼는데?"
"일단 엄마가 화를 안 내. 그게 정말 좋아!"
"그래? 엄마가 언제부터 화를 안 내는 것 같아?"
"음…. 제주도 떠나기 일주일 전부터?"

아마 그랬을 것이다. 나는 변하고 싶었고, 그래서 떠나기로 했던 것이다. 이미 떠나기로 마음먹은 다음부터 나는 변하기 시작했던 것이다.

돌이켜 보면 제주에서 나는 아주 많은 곳을 보거나 제주의 삶에 깊이 다가가지는 못했다.
볼 수 있을 만큼 보았고, 서울에서도 만날 수 있는 사람을 제주에서 만나 서울에서는 할 수 없었던 이야기들을 나누었다.

그것은 나의 과거이기도 했고 현재이기도 했으며, 나의 아픔이기도 했고, 상처이기도 했고, 그리고 치유이기도 했다.

제주에서 만난 후배들과 선배들을 통해 나는 나의 20대와 다시 만났고, 나의 20대와 화해할 수 있었다.

제주에서 엄마를 만난 나는 30대 가족으로 인해 아팠고, 힘들었던 나의 30대를 받아들일 수 있었다.

제주에서 아이들과 한 달을 지내면서 40대의 나와 이제 10대에 들어선 나의 아들을 이해할 수 있었다.

내가 변하면서 아이들도 변하기 시작했다. 우리는 서로를 조금 더 이해할 수 있게 되었고, 자신의 감정을 드러내는 법, 감정을 다스리는 법, 화해하는 법을 조금은 배웠다.

앞으로도 나와 아이들은 서로 싸우고 화해할 것이다. 육아는 계속될 것이고, 내가 지금 만나는 사람들에게 때로는 상처를 받고, 때로는 위로를 받으며 나의 삶은 계속될 것이다.

한없이 넓은 바다와 아름다운 하늘과 빨간 등대. 평대리에서의 생활은 오래도록 나와 아이들의 가슴에 남아 우리를 한걸음 한걸음 앞으로 나아가게 해줄 것이다.